취향 가득, 타이베이

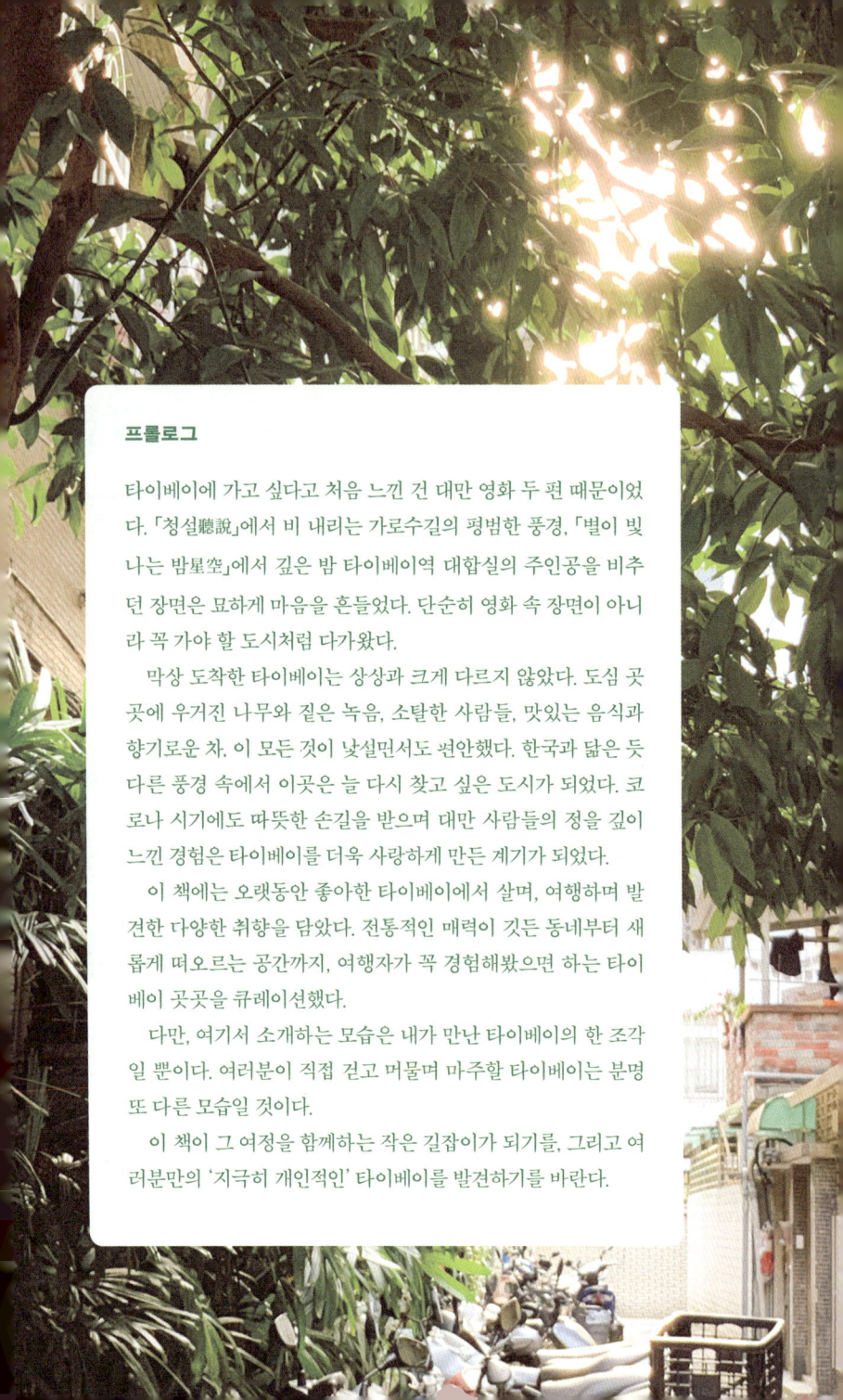

프롤로그

타이베이에 가고 싶다고 처음 느낀 건 대만 영화 두 편 때문이었다. 「청설聽說」에서 비 내리는 가로수길의 평범한 풍경, 「별이 빛나는 밤토쿄」에서 깊은 밤 타이베이역 대합실의 주인공을 비추던 장면은 묘하게 마음을 흔들었다. 단순히 영화 속 장면이 아니라 꼭 가야 할 도시처럼 다가왔다.

막상 도착한 타이베이는 상상과 크게 다르지 않았다. 도심 곳곳에 우거진 나무와 짙은 녹음, 소탈한 사람들, 맛있는 음식과 향기로운 차. 이 모든 것이 낯설면서도 편안했다. 한국과 닮은 듯 다른 풍경 속에서 이곳은 늘 다시 찾고 싶은 도시가 되었다. 코로나 시기에도 따뜻한 손길을 받으며 대만 사람들의 정을 깊이 느낀 경험은 타이베이를 더욱 사랑하게 만든 계기가 되었다.

이 책에는 오랫동안 좋아한 타이베이에서 살며, 여행하며 발견한 다양한 취향을 담았다. 전통적인 매력이 깃든 동네부터 새롭게 떠오르는 공간까지, 여행자가 꼭 경험해봤으면 하는 타이베이 곳곳을 큐레이션했다.

다만, 여기서 소개하는 모습은 내가 만난 타이베이의 한 조각일 뿐이다. 여러분이 직접 걷고 머물며 마주할 타이베이는 분명 또 다른 모습일 것이다.

이 책이 그 여정을 함께하는 작은 길잡이가 되기를, 그리고 여러분만의 '지극히 개인적인' 타이베이를 발견하기를 바란다.

2 프롤로그

5 취향 가득, 타이베이를 보는 법

타이베이, 색다르게 즐겨볼까?
6 타이베이 지역 & 교통 가이드
7 타이베이 MRT 노선도
8 타이베이 여행 지도
15 취향 가득, 타이베이 여행 일정
　　◆ 2박 3일 ◆ 3박 4일 ◆ 4박 5일
　　◆ 원데이 문화체험 코스 ◆ 산책 코스 ◆ 1인 코스

타이베이 아이템 큐레이션
26 대만 과일
30 대만 로컬 음료
33 대만차
38 대만 편의점 & 슈퍼의 색다른 간식
40 타이베이 채식 식당
44 대만 조미료
46 대만 기념품 & 선물
52 대만 감성 산책길

취향 가득, 타이베이 여행 출발!
60 ❶ 현지인이 인정하는 타이베이의 맛
　　로컬 노포 맛집
114 ❷ 여행을 특별하게 만드는 한 끼
　　미슐랭 & 트렌디 레스토랑

138	❸ 도시의 정취를 즐기는 한잔	
	커피 & 티 카페	
220	❹ 전통과 현대의 달콤한 만남	
	대만 클래식 & 모던 디저트	
254	❺ 취향으로 일상을 채우는 감각	
	라이프스타일 소품숍	
324	❻ 타이베이를 기록하는 특별한 장소	
	포토 스폿 & 힙 플레이스	

타이베이 여행 기본 가이드

445	타이베이, 언제 갈까?
447	타이베이 공항, 어디로 갈까?
448	출발 전 체크포인트
449	현지에서 유용한 앱
451	대중교통, 편리하게 이용하기
453	헷갈리기 쉬운 대만 정보
454	안전 여행을 위한 작은 팁
455	여행에 꼭 필요한 현지 정보
457	여행이 편해지는 중국어 한마디

찾아보기

459	파트별 & 업종별
461	가나다순
462	지역별

일러두기
이 책은 국립국어원 표준 외래어표기법을 따르고 있습니다.
다만 한국에서 많이 알려진 상호나 단어는 괄호 안에 표기해
이해를 도왔습니다.

취향 가득, 타이베이를 보는 법

❶ 상호 로마자 및 영문 표기
상점 홈페이지나 구글 지도 표기 등을 참고했습니다.

❷ 상호 중국어 발음 표기
국립국어원 외래어표기법을 따랐습니다.

❸ 상호 한자 표기
상점 홈페이지, 구글 지도, 간판 등과 통일했습니다.

❹ 상호 한자 독음 및 간단한 풀이
한국에서 읽는 방식으로 옮기거나 알려진 상호대로 표기하거나 또는 좀 더 알기 쉽게 풀이했습니다.

❺ 다양한 정보
주소, 전화, MRT(지하철)를 이용한 교통정보, 영업시간, 가격, 주차 등의 정보를 실었습니다.

❻ 구글 지도와 상점 홈페이지 QR
위쪽 map QR코드를 스캔하면 구글 지도에서 상점 위치를, 아래쪽 web QR코드를 스캔하면 상점 홈페이지나 인스타그램, 페이스북 등에서 최신 정보를 알 수 있습니다.

❼ 상점 키워드
상점의 대표 상품이나 메뉴, 공간의 특징 등을 한눈에 볼 수 있습니다.

타이베이 지역 & 교통 가이드

교통

MRT(지하철)
'Mass Rapid Transit'의 약자로 도시철도(台北捷運)를 가리킨다.

국광버스 國光客運 Kuo-Kuang
타오위안공항과 타이베이역을 왕복하는 1819번 버스를 뜻한다.

지역

타이베이역 台北車站(=메인역=중앙역) ➡ MRT 타이베이역
흔히 메인역이라 불리는 타이베이역은 한국으로 치면 서울역과 같은 곳. 일반 열차, 고속철도, 지하철, 공항철도 및 버스터미널이 모여 있다.

디화제 迪化街 ➡ MRT 베이먼역 & 다차오터우역
20세기 무역과 상업의 중심지를 다다오청이라고 하는데, 이곳의 중심 거리이자 재래시장이며 오래된 상점가가 바로 디화제다. 고풍스러운 옛 건물에는 세련된 가게와 차, 약재, 건어물, 건과일 등을 파는 전통적인 가게가 공존해 레트로의 진수를 보여준다.

중산 中山 ➡ MRT 중산역
백화점 등 쇼핑몰과 지하상가, 카페거리 등이 모여 있는 타이베이 구도심 중 하나. 요즘 다시 활성화되고 있다. 심중산리니어파크(364쪽) 양옆의 거리를 중산 카페거리라고 한다.

츠펑제 赤峰街 ➡ MRT 중산역
중산 지역에 있는 거리. 원래 자동차 부품이나 철물을 파는 회사들이 많았는데, 젊은이들이 모여들어 독특한 편집숍이나 독립서점, 카페가 생기며 힙플이 되었다. 한국의 을지로, 성수와 비슷하다.

융캉제 永康街 ➡ MRT 둥먼역
관광객들의 필수 코스 중 하나. 딘타이펑(118쪽)을 비롯해, 망고빙수나 충좌빙(총좌빙) 등으로 유명하다. 대만찻집과 관광객을 위한 기념품숍도 많다. 다안삼림공원(376쪽)도 근처에 있어 한국인이 타이베이에 가면 꼭 들르는 곳이다.

시먼딩 西門町 ➡ MRT 시먼역
쇼핑몰, 영화관, 맛집 등이 모여 있는 거리. 타이베이 시내 구도심 중 하나로 융캉제와 함께 관광객들의 필수 코스다. 서울의 명동 같은 느낌이 든다.

민성서취 民生社區 ➡ MRT 난징싼민역
작고 멋진 카페와 베이커리, 부티크 등이 많은 타이베이의 수택가. 늘어선 가로수길이 특유의 분위기를 자아낸다. 뉴진스의 뮤직비디오와 여러 영화의 단골 촬영지로도 유명하다.

대만대 國立臺灣大學 ➡ MRT 궁관역
국립대만대학교 일대는 한국의 홍대처럼 인디 밴드가 공연하는 클럽이나 독립서점, 아기자기한 카페나 음식점이 많다. 관광객이 붐비지 않는 타이베이의 평범한 거리를 즐기기 좋다.

동취 東區 ➡ MRT 중샤오푸싱역 & 중샤오둔화역
트렌디한 가게와 쇼핑몰, 분위기 있는 고급 식당이 많은 지역. 한국의 압구정이나 청담 느낌이다.

신이 信義 ➡ MRT 타이베이101/세계무역센터역 & 타이베이시청역
고층빌딩과 백화점 등이 밀집해 있다. 한국의 강남이나 여의도 같다.

타이베이 MRT 노선도

출처: 타이베이 관광 웹사이트(travel.taipei)

대만 감성의 진수, 레트로한 구도심
디화제 ○ 중산 ○ 용산사

신구세대의 멋이 믹스된 새로운 문화 체험
화산 ○ 중정기념당 ○ 구팅 ○ 동문 ○ 다안삼림공원

새로운 트렌드의 중심, 스타일리시 신도심
다안 ○ **테크놀로지빌딩** ○ **류장리** ○ **동취**
국부기념관 ○ **타이베이시청**

푸릇한 가로수 터널 아래 힙 플레이스

민성서취 ○ 푸진제

서브컬처부터 맛집까지, 활기찬 대학가

대만대 ○ 전력공사빌딩

미술관 가는 길, 한적한 공원 산책

위안산역

대만 뮤직 신 엿보기

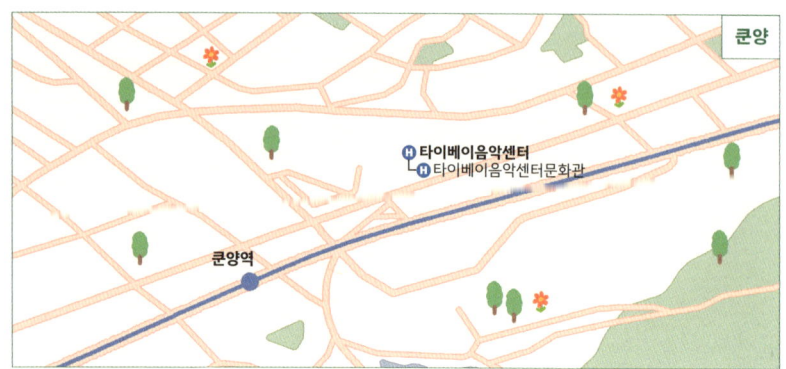

어디서든 타이베이 101이 보이는 옛 동네

타이베이 시내에서 녹음과 함께 하이킹

취향 가득, 타이베이 여행 일정

2박 3일 · 3박 4일 · 4박 5일의

DAY 1

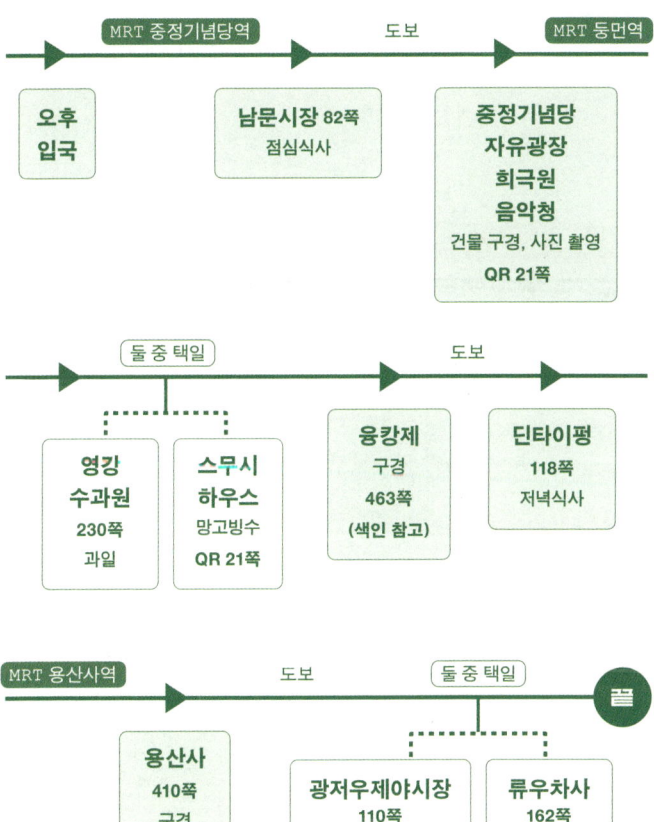

MRT 중정기념당역 — 도보 — MRT 둥먼역

- 오후 입국
- 남문시장 82쪽 / 점심식사
- 중정기념당, 자유광장, 희극원, 음악청 / 건물 구경, 사진 촬영 / QR 21쪽

둘 중 택일 — 도보

- 영강수과원 230쪽 / 과일
- 스무시하우스 / 망고빙수 / QR 21쪽
- 융캉제 / 구경 / 463쪽 (색인 참고)
- 딘타이펑 118쪽 / 저녁식사

MRT 용산사역 — 도보 — 둘 중 택일 — 끝

- 용산사 410쪽 / 구경
- 광저우제야시장 110쪽 / 야식
- 동항기어찬 112쪽 / 야식
- 류우차사 162쪽 / 대만차

2박 3일 · 3박 4일 · 4박 5일의

DAY 2

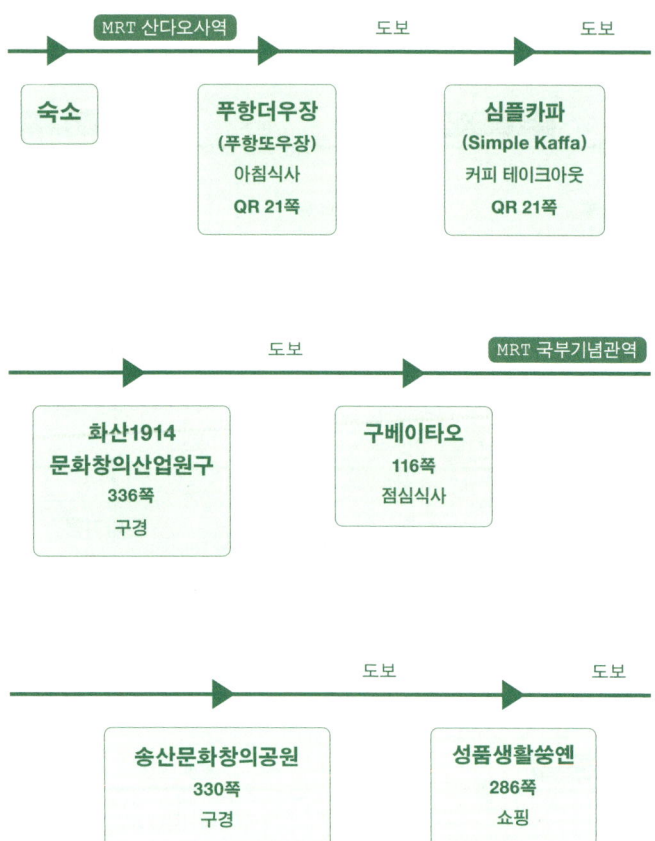

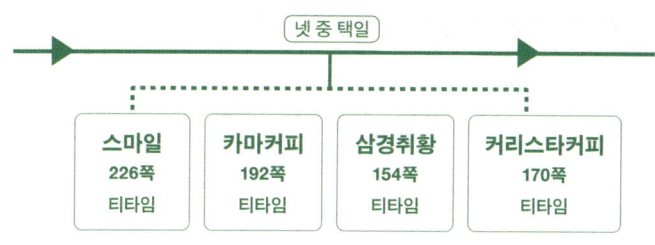

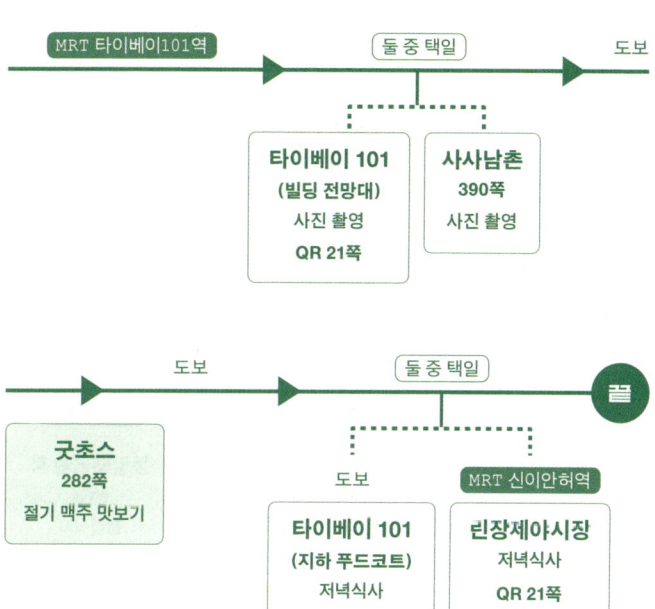

2박 3일·3박 4일·4박 5일의
LAST DAY

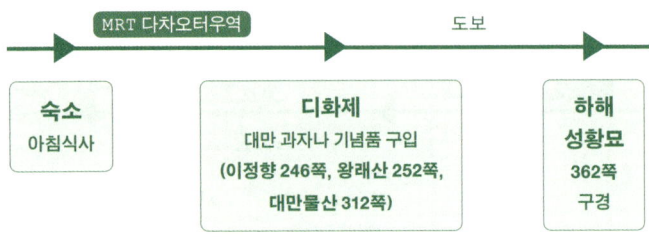

숙소 — 아침식사 → (MRT 다차오터우역) → 디화제 — 대만 과자나 기념품 구입 (이정향 246쪽, 왕래산 252쪽, 대만물산 312쪽) → (도보) → 하해성황묘 362쪽 구경

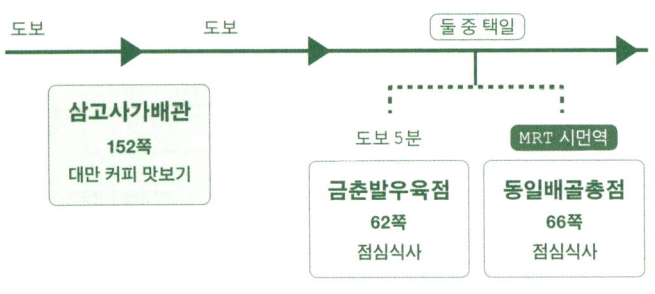

(도보) → 삼고사가배관 152쪽 대만 커피 맛보기 → (도보) → [둘 중 택일] 도보 5분: 금춘발우육점 62쪽 점심식사 / MRT 시먼역: 동일배골총점 66쪽 점심식사

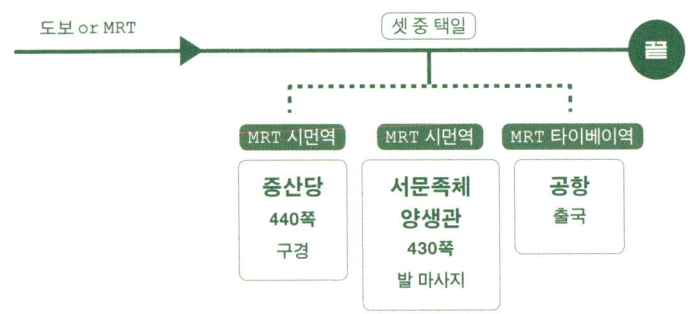

(도보 or MRT) → [셋 중 택일] MRT 시먼역: 중산당 440쪽 구경 / MRT 시먼역: 서문족체양생관 430쪽 발 마사지 / MRT 타이베이역: 공항 출국 → 끝

3박 4일 · 4박 5일의

DAY 3

숙소 → MRT 테크놀로지빌딩역 → 둘 중 택일

- **진방토스트** 102쪽 아침식사
- **안호식** 106쪽 아침식사

셋 중 택일 → MRT 중산역 → 도보

- **MRT 샤오난먼역 / 타이베이 식물원** 348쪽 구경
- **MRT 위안산역 / 타이베이 시립미술관** 360쪽 관람
- **MRT 스린역 / 국립고궁박물원** 관람 QR 21쪽

성품생활 난시 256쪽 구경, 쇼핑 (+4층 신농생활 268쪽)

둘 중 택일 → 도보 or MRT → 둘 중 택일 → 끝

- **60+티숍** 188쪽 음료 테이크아웃
- **SOMA** 182쪽 음료 테이크아웃

- **심중산리니어파크** 364쪽 산책
  + **파스토어** 326쪽
  + **키모치서점** 372쪽
  (초평제 거리 구경)

- 도보 → **일류이사** 130쪽 저녁식사
- MRT 시먼역 → **서문족체양생관** 430쪽 발 마사지

※ 3박 4일의 4일째 일정은 18쪽 LAST DAY로 이동!

4박 5일의
DAY 4

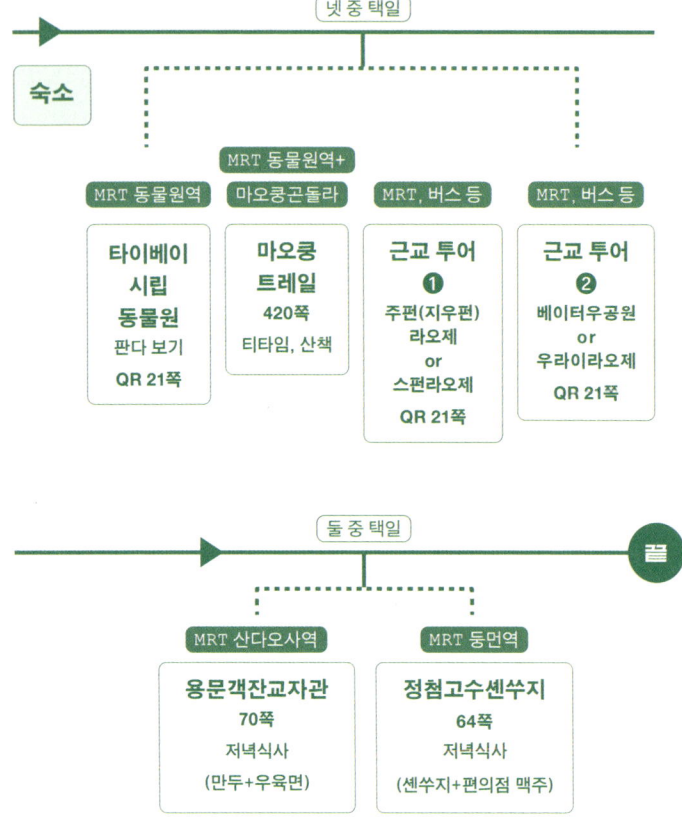

※ 4박 5일의 5일째 일정은 18쪽 LAST DAY로 이동!

여행 일정 QR

국립고궁박물관

린장제야시장

베이터우

스무시하우스

스펀

심플카파

우라이라오제

은하동굴

음악청

자유광장

중정기념관

주펀(지우펀)

천칭충좌빙

취월호

타이베이 101

푸진1호공원

푸항더우장

희극원

신베이

* 신베이: 주펀, 스펀, 우라이 등이 속한 지역으로 타이베이를 둘러싼 대만 최대의 수도권

원데이 문화체험 코스

낮
눈 호강 코스!

낮에는 눈이 즐거워지는 여행을 해보자! 미술관, 박물관을 관람하며 문화를 즐기거나, 자연을 만끽하며 하이킹하는 코스 중 취향에 맞춰 선택해보자.

셋 중 택일

미술관

타이베이시립미술관(360쪽)
미술작품 관람
(저녁식사 전까지 충분히 관람)
↓
카페애크미(198쪽 / 미술관 내)
티타임

박물관

국립고궁박물원(QR 21쪽)
유물 관람
(저녁식사 전까지 충분히 관람)

자연 속 하이킹

은하동굴(QR 21쪽)
폭포 구경
↓
도보로 마오쿵 이동
↓
마오쿵트레일(420쪽)
산책 + 마오쿵 차밭 구경
↓
장내묘 다사기념관(210쪽)
철관음차 맛보기

저녁
귀 호강 코스!

이제는 귀로 듣는 기쁨을 누릴 차례! 대만 인디 밴드가 공연하는 라이브 공연장을 가보자. 날짜에 따라 공연하는 가수가 다르니 홈페이지 확인은 필수다.

둘 중 택일

각국의 라이징 밴드가 모이는 곳

춘수당(202쪽)
저녁식사 + 디저트
(혹은 다른 식당)
↓
레거시타이베이(340쪽)
공연 관람

아늑한 공간, 진정한 인디의 맛

팔방운집(74쪽)
저녁식사(군만두, 면)
↓
대일우내대왕(78쪽)
디저트(망고빙수)
↓
여무점(404쪽)
공연 관람

구경하며 산책하는 코스

런아이루: 3-4시간

런아이루(52쪽)를 산책한다.
↓
동취에서 **위쇼콜라티에**(224쪽)를 방문해 초콜릿이나 밀푀유 음료 등을 먹는다.
↓
둔화난루(54쪽)에 가서 다시 산책한다(런아이루와 둔화난루는 원형교차로 Renai Dunhua Traffic Circle에서 만난다).

푸진제: 1-2시간 +

푸진트리카페(212쪽)가 있는 **푸진제**와 **서니힐**(244쪽/타이베이 본점) 사이에는 대만 영화「남색대문藍色大門」촬영지인 **푸진1호공원**(富錦1號公園 Fujin No.1 Park / QR 21쪽)이 있다. 그 외에도 푸진2, 3호공원, 민성공원 등이 있어 무성한 가로수가 특징적인 민성서취를 만끽하기 좋으니 여유 있게 산책한다.
↓
배가 고파지면 **장마마우육면**(72쪽)에서 우육면을 먹어보자. 상점을 구경하고 쇼핑하면 산책 시간이 늘어난다.

다안삼림공원: 1-2시간(꽃시장, 옥시장 방문 시 3-4시간 이상)

주말에는 **다안삼림공원**(376쪽) 내부에서 행사가 많고 가끔 공연도 있으니 산책하며 즐긴다. 바로 근처에 있는 **건국주말 꽃시장 옥시장**(380쪽)을 들르도 좋다.
↓
산책하다 지치면 MRT 다안삼림공원역 내 **루이사 커피**(178쪽)에서 커피나 차, 브런치를 즐길 수 있다.

국립대만대 캠퍼스 주변: 2시간

대학 정문에서 도서관까지 이어진 가로수길 **야림대도**(椰林大道 예린다다오)의 높이 뻗은 야자수, 연못인 취월호(QR 21쪽) 등 캠퍼스를 구경한다.
↓
여서점(402쪽)에서 책을 둘러본다.
↓
대만대를 끼고 있는 거리 신성난루新生南路 를 따라 쭉 내려가서 이안(리안) 감독의 영화「음식남녀」의 촬영지이기도 했던 **자등려**(174쪽)에서 대만차를 즐긴다. 참고로 자등려 건너에는 룽안초등학교龍安國小가 있는데, 에드워드 양 감독의 영화「하나 그리고 둘」에서 막내 양양이 다니던 초등학교다.

1인 코스 ❶

MRT 테크놀로지빌딩 역 주변에서 시작하는 원데이 코스

더폭스(184쪽)
초콜릿콘판나 맛보기
↓
유가반단(98쪽)초콜릿
시그니처 판퇀 구입
+
주스주스바(242쪽)
주스와 과일 구입 = 곁들여 먹기
↓
다안삼림공원(376쪽)
산책(주말일 경우
꽃시장 옥시장 구경)
↓
문문푸드(120쪽)
점심식사(매콤참깨소스비빔면)
↓
(MRT 테크놀로지빌딩역)
브라운라인 MRT
탑승해서 진행 방향 왼쪽으로
101 빌딩 관찰
↓
(MRT 류장리역)
리키드앙브르 후포(140쪽)
전문가가 우려주는 대만차 즐기기

↓
(아래층) 툴스투리브바이(272쪽)
문구류 등 둘러보고 쇼핑
↓
(MRT 국부기념관역)
송산문화창의공원 내
낫저스트라이브러리(330쪽)
책 보다가 안쪽 정원 구경
↓
성품생활쑹옌(286쪽)
여기저기 구경, 지하 푸드코트에서
저녁식사
↓
중산공원(436쪽)
산책, 연못에 비친
타이베이 101 야경 촬영

1인 코스 ❷

이동 없이 융캉제 주변에서만 즐기는 원데이 코스

천진충좌빙(QR 21쪽)
바질 들어간 충좌빙 구입
+
영강수과원(230쪽)
과일팩이나 생과일주스 구입,
바로 앞 융캉공원에서 먹기
or
동문시장 내 동문흥기(95쪽)
하가우 등 소소하게 맛보기
↓
토생토장(294쪽)
대만 식재료 구경, 쇼핑
↓
딘타이펑(118쪽)
점심식사
↓
인래풍(144쪽)
골동품 기물 구경
or
십세소완돈목요(276쪽)
다구 구경
↓
녹두의인(240쪽)
차가운 녹두탕 먹기

↓
영업서점(316쪽)
대만 문방구 체험
+
라이하오(308쪽)
대만 기념품 쇼핑 등
↓
정첨고수센쑤지(64쪽)
센쑤지 구입
+
전련복리중심(108쪽)
편의점이나 슈퍼에서
음료수와 디저트를 산 후
숙소에서 저녁식사
or
엉클큐(132쪽)
비건 요리로 저녁식사
+
**심야의프랑스 수제디저트
(238쪽)**
커피, 타르트로 디저트

❶ 무조건 현지에서 많이 맛보자!
대만 과일

대만은 사계절이 따뜻해서 다양한 열대과일이 많다. 한국보다 저렴하고 당도가 높으니 여행 중에 많이 즐겨보자. 과일가게에 가면 잘라서 포장해 주거나 주스를 함께 파는 곳이 많고, 백화점 지하 슈퍼에 가면 일반 과일가게에서 취급하지 않는 고급 과일을 맛볼 수 있다. 이왕이면 제철 과일을 먹어보자.

구아버 芭樂 / 바러 `연중`
대만 사람들이 제일 즐겨 먹는 과일. 주스로 먹으면 무척 향기롭다.

망고 芒果 / 망궈 `여름` 5월-9월
흑망고, 청망고 등 종류가 무척 많은데, 애플망고 종류인 아이원愛文망고가 달고 맛있으니 한 번쯤 먹어보자!

연무 蓮霧 / 렌우 `겨울`
'로즈애플' '왁스애플' 등으로 알려진 상큼한 겨울 과일이다. 사각사각하면서도 부드럽고 수분이 많다.

석가 釋迦 / 스자 겨울
부처의 머리 모양처럼 생겨서 '석가'라는 이름이 붙었다는 설이 있다. '슈가애플'이라고도 불리며 신맛이 전혀 없이 크리미한 단맛을 가졌다. 일반 석가보다 펑리(파인애플)석가가 맛있다.

인도대추 蜜棗 / 미짜오 겨울 12월-3월
미니 청사과처럼 생긴 대추로 사과와 배를 합친 맛이다. 아삭하고 달콤하며 비타민 C가 많고 소화에 도움을 준다.

스타프루트 楊桃 / 양타오 겨울·봄
단면이 별 모양인 과일로 새콤하고 과즙이 풍부하다.

포멜로 柚子 / 유쯔 가을
한국의 유자보다는 자몽과 더 비슷하며 붉은 과육麻豆紅柚이 노란 과육보다 달고 맛있다. 추석 즈음 나오는데, 대만의 추석인 중추절에 열리는 달맞이 축제 때 포멜로 껍질에 그림을 그리거나 칼집을 내어 모자처럼 머리에 쓰면 행운을 가져다준다는 설이 있다.

파파야 木瓜 / 무과 연중
단독으로 먹기보다는 우유와 함께 갈아 마시면 풍미가 극대화된다.

딸기 草莓 / 차오메이 겨울·봄
한국 딸기와는 다른, 대만 품종 딸기의 새로운 향을 느껴보자.

수박 西瓜 / 시과 연중
한국과 달리 언제든 수박을 맛볼 수 있고 가격도 저렴하다. 수박의 종류나 크기, 색깔 또한 다양한데, 속이 빨간 것도 있고 노란 것 小玉西瓜(샤오위시과)도 있다.

방울토마토 小番茄 / 샤오판체 겨울·봄
과즙이 풍부하고 새콤하면서도 당도가 높아서 맛있다.

백향과 白香果 / 바이샹궈 여름 5월-9월
'패션프루트'로 알려진 과일. 반으로 자르거나 꼭지 쪽을 뚜껑처럼 잘라서 숟가락으로 파먹는다. 개구리알같이 생긴 걸쭉한 과육 때문에 호불호가 있다. 달면서도 신맛이 강하다.

파인애플 鳳梨 / 펑리 봄 3월-5월
대만 파인애플은 한국인이 흔히 접하던 파인애플보다는 크기가 조금 작다. 신맛이 적고 단맛이 강하며 과육이 부드러운 것으로 유명하다. 대체로 심까지 먹을 수 있다.

용과 火龍果 / 훠룽궈 여름·가을 6월-11월
과육이 하얀 것과 붉은 것, 두 종류가 있다. 한국 용과보다 대만 용과가 좀 더 달콤하다.

◆ **그 외**
껍질에 쓴맛이 없어 껍질과 과육을 모두 먹을 수 있는 향수레몬(香水檸檬샹수이닝멍/10-3월), 향이 좋아서 대만 사람들이 좋아하는 비파(枇杷피파/봄), 중국 요릿집에서 냉동 디저트로 많이 나오는 리치(荔枝리즈/4-8월), 맛이나 향이 리치와 비슷한 용안(龍眼룽옌/7-10월)과 람부탄(紅毛丹홍마오단/7-8월)도 먹어보자.

❷ 현지인이 사랑하는
대만 로컬 음료

차와 커피를 즐기고 더운 날이 많은 만큼 다양한 음료가 발달한 대만. 카페나 슈퍼에 생소한 메뉴가 많이 보이는데, 마셔보면 인기의 이유를 알게 된다. 한국에서도 가끔 생각나는 음료가 생길 수도 있다.

밀크티 奶茶 / 나이차
홍차 등의 차에 우유를 넣고, 토핑으로 타피오카펄이나 코코넛젤리, 푸딩 등을 추가해 즐긴다. 원조인 춘수당(202쪽)의 버블밀크티(珍珠奶茶 전주나이차)와 철관음라테(鐵觀音拿鐵 테관인나테)를 추천한다.

우롱차 烏龍茶 / 우롱차
대만의 대표적인 차로 물 대신으로 차가운 음료로도 많이 마신다. 기름기가 많은 음식을 먹을 때 빼놓지 않는다.

과일차 水果茶 / 수이궈차

과즙과 차를 섞은 음료. 녹차, 우롱차, 홍차에 파인애플이나 사과, 구아버 등을 섞은 조합이 다양하다.

레몬커피 西西里咖啡 / 시시리카페이

레모네이드에 에스프레소를 섞은 음료로 탄산을 포함한 것이 많다.

파파야우유 木瓜牛奶 / 무과뉴나이

파파야 생과육과 우유가 만나 부드럽고 진한 맛이 특징이다.

동과차 冬瓜茶 / 둥과차

동과는 '동아' '겨울수박' '겨울오이'라고도 부르는 박과 식물이다. 달콤한 동과와 대만 레몬이 어우러져 많은 이들이 즐긴다. 슈퍼마켓에서 캔이나 페트병으로 살 수 있다.

**헤이쑹사스 黑松沙士 /
헤이쑹사스**
루트비어(식물 뿌리로 만들어 알코올이 없는 탄산음료)를 대만 스타일로 변형한 음료. 별명은 대만의 콜라!

**사탕수수레모네이드 甘蔗檸檬 /
간저닝멍**
부드럽고 달콤한 사탕수수즙에 새콤한 레몬이 어우러져 더울 때 마시면 갈증을 해소해준다.

❸ 저마다의 맛과 향과 색을 지닌
대만차

대만은 세계적인 차 산지다. 지역마다 다른 기후와 토양 등 고유의 특성이 있어 맛과 향이 다양하기로 유명하다. 찻집에 들러 차를 마셔보거나 시음이 가능한 찻잎 판매점에 들러봐도 좋다. 여러 가지 차 중 취향에 맞는 차를 고르는 재미가 쏠쏠하다.

포종차 包種茶 / 바오중차
대만 우롱차 중 가장 가벼워 녹차에 가깝다. 청초한 꽃향기가 나고, 부드럽고 깔끔한 단맛이 있다.

 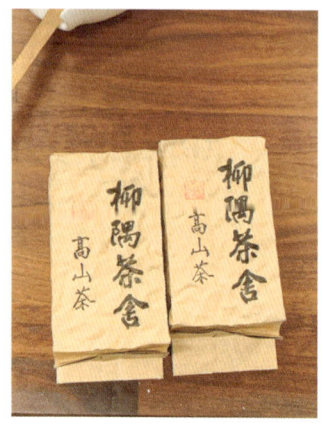

고산차 高山茶 / 가오산차
중서부 내륙의 해발 1,000미터 이상 고산지대에서 재배한 우롱차. 아리산, 리산, 대우령, 삼림계 등이 유명하다. 맑고 푸릇한 고산 향과 꽃 향이 있으며 고산지대의 높은 일교차로 인해 달콤함이 느껴진다.

동정우롱차 凍頂烏龍茶 / 둥딩우롱차
고산차보다 조금 더 로스팅해서 맛이 진한 우롱차다. 중부 내륙 해발 800미터 이상의 산지에서 재배한다. 꽃 향과 과일 향이 어우러진 진한 맛이 특징이다.

철관음차 鐵觀音茶 / 톄관인차
로스팅을 여러 번 해서 진한 우롱차다. 농후한 맛에 잘 익은 과일 향과 산미가 느껴지며 때로는 초콜릿 향이 나기도 한다.

동방미인차 東方美人茶 / 둥팡메이런차
대만을 대표하는 차. 대만에만 있는 해충 '소록엽선'이 찻잎을 갉아 먹으면 차나무에서 방어기제로 소록엽선의 천적을 불러내는 효소를 열심히 만든다. 이것이 동방미인의 독특한 꿀 향을 만들어낸다고 한다. 과일 향, 꽃 향에 꿀 같은 단맛이 더해진 것이 특징이다. 마치 샴페인 같은 향이 나서 '샴페인우롱'이라고도 한다.

 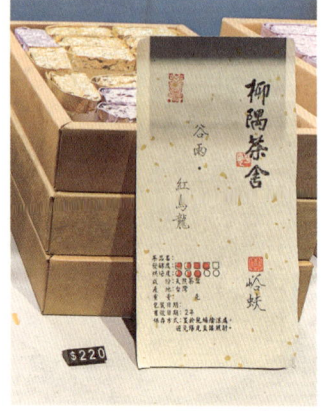

홍우롱차 紅烏龍茶 / 훙우롱차

동남부 타이둥에서 재배하는, 이름 그대로 홍차와 우롱차의 제다(차나무 잎을 음료로 만드는 것)법을 융합해 만든 차. 진하고 부드럽고 달콤하다.

홍차 紅茶 / 훙차

대만 중부의 관광지로 유명한 호수 일월담(日月潭르웨탄) 일대에서 주로 생산한다. 그중 홍옥 홍차는 민트 향과 시나몬 향의 청량감이 어우러져 산미가 있고 맛이 진하다.

백차 白茶 / 바이차
산뜻한 꽃 향과 상큼한 맛이 함께 나 청량하다. 카페인 함량도 적어 여름에 아이스 티로 마시기 좋다.

◆ 찻잎 가게 추천
류우차사(162쪽) → 고산차, 동방미인
복생생(166쪽) → 리산차, 동방미인, 백차
인래풍(144쪽) → 포종차

❹ 편의점에서 이런 것도 있어?
대만 편의점 & 슈퍼의 색다른 간식

대만의 편의점에는 과자나 스낵만 있는 게 아니다. 요깃거리가 되는 대만 국민 간식도 있고 계절별 메뉴나 한정판 메뉴도 있다. 맛있는 것을 찾아 편의점과 슈퍼마켓을 구석구석 돌다 보면 대만의 문화가 보이기도 한다.

차예단 茶葉蛋
간장에 찻잎, 향신료 등을 넣고 달걀을 껍질째 졸인 음식이다. 타이베이의 어느 편의점에서든 발견할 수 있는 대만의 국민 간식.

찐고구마 現蒸地瓜 · 군고구마 現烤地瓜
한국의 편의점처럼 겨울철에 따끈따끈한 고구마를 먹을 수 있다. 편의점 브랜드에 따라 찌거나 구운 것을 팔고, 무게별로 가격을 책정한다.

루웨이 滷味 711
겨울에만 맛볼 수 있는 한정 메뉴! 두부, 선지, 무, 옥수수, 어묵튀김 등을 양념에 졸여서 만든 루웨이는 원하는 재료를 골라 먹을 수 있다.

세븐일레븐의 채식 코너 天素地蔬 (초록색 간판)
편의점 세븐일레븐에서 녹색 팻말로 '天素地蔬'라고 쓰여 있는 곳이 채식 코너다. 채식 스낵과 식재료, 양념, 인스턴트 라면 등 다양한 제품을 판매한다.

홍콩식 아이스레몬티 港式凍檸茶
진한 홍차에 레몬을 넣은 홍콩식 아이스티.

레몬커피 西西里風檸檬氣泡咖啡 711
여름 한정 메뉴인 레몬커피는 탄산 레모네이드에 에스프레소를 넣은 음료다. 편의점이나 슈퍼에서 시판 제품으로도 맛볼 수 있다.

요구르트녹차(+과일주스) 多多綠茶
녹차에 요구르트와 과즙을 넣어 상큼하다.

레이즈감자칩 Lay's 樂事
맛있다고 소문난 감자칩은 시시때때로 신기한 맛의 신제품을 출시하니 잘 살펴보자.

전련 全聯 PX MART의 디저트 코너
타이베이에 수십 개 매장이 있는 슈퍼마켓 체인점은 시즌마다 새로운 디저트를 출시한다. 여름에는 발 빠르게 망고 디저트를 선보이고, 한국 드라마 '오징어 게임'과 컬래버레이션 하기도 했다. 베이커리 코너의 빵도 맛있고 핼러윈 때는 트릿(아이들이 핼러윈 때 "트릭 오어 트릿!"을 외치면 주는 사탕 등의 간식) 코너도 마련한다.

❺
대만 현지 채소를 더 맛있게 먹는 법
타이베이 채식 식당

타이베이는 아시아에서 비건 친화적인 도시 1위로 선정된 만큼 다채로운 채소 요리를 선보이는 곳이 많다. 채식을 하는 사람이 아니더라도 제철 채소 요리나 로컬 재료를 맛보고 싶다면 방문해보자.

베지크릭(128쪽) 蔬河 VEGE CREEK
루웨이 滷味
마라탕 재료를 고르듯이 원하는 재료를 고르면 양념 국물에 데쳐주는 루웨이다. 모든 재료가 생분해 비닐에 포장되어 깔끔하다.

map

한라이 漢來蔬食 Hi-Lai
딤섬 및 중식 요리

유기농 재료로 다국적 요리를 하는 식당. 맛도 가격도 합리적이다.

map

더그린룸 미스그린 泰式蔬食
The Green Room Miss Green
태국 요리

각각 다른 매장이었던 더그린룸과 미스그린이 하나가 된 곳. 태국 채식 요리와 버거, 파스타, 리소토 등의 서양음식, 커리, 핫포트 등의 동남아음식까지 메뉴가 풍부해서 다채로운 맛의 채식을 즐길 수 있다.

map

우차차(134쪽) 自然食 Ooh Cha Cha
버거, 샌드위치, 볼 등

다양한 버거류와 샌드위치뿐만 아니라 콩, 곡물류, 채소를 골고루 담은 볼 메뉴와 각종 음료를 판매한다. 특히 한 그릇 볼은 여러 가지 재료를 맛볼 수 있는 것이 장점이다.

map

런리쥐 仁里居 Yuli Your Home
훠궈, 만두 및 디저트 음료

혼자 가서 커리나 훠궈를 먹어도 좋은 식당. 내부가 깔끔하다.

map

샤오샤오수스 小小樹食 Little Tree Food
파스타, 리소토, 버거 등

자연 농법으로 재배된 재료로 '뉴 캘리포니아 요리'를 선보인다. 아보카도 또한 대만에서 재배하는 것을 사용한다.

map

나이스크림 NICE CREAM
식물 베이스 아이스크림, 아이스크림 와플

국제 비건 가이드인 '해피카우'에서 선정하는 세계 10대 식물성 아이스크림으로 선정된 곳. 일반 아이스크림보다 칼로리와 지방이 30% 적다.

map

❻
지금껏 몰랐던 대만의 양념 맛!
대만 조미료

식재료를 좋아한다면 여행할 때 새로운 조미료 탐색을 놓칠 수 없는 법. 이 페이지에 소개한 조미료는 빙산의 일각일 뿐이다. 같은 조미료라도 대만이 산지인 것과 맛이 다른 색다른 것들이 많으니 마트와 식재료숍을 잘 살펴보자.

백후추 白胡椒粉 / 바이후자오펀

대만에서는 후추 열매의 껍질을 제거해서 만든 백후추를 많이 사용한다. 매운맛이 덜하고 부드럽다.

굵은 입자 흑후추 粗粒黑胡椒 / 추리헤이후자오

후추를 좋아하면 고운 가루보다 입자가 큰 후추도 눈여겨보면 좋다.

레몬후추소금 檸檬椒鹽 / 닝멍자오옌

이름 그대로 레몬, 후춧가루, 소금이 섞인 조미료. 꼬치나 해산물 요리 등에 사용한다.

**센쑤지후추소금 鹹酥
雞椒鹽
/ 쎈쑤지자오옌**

대만의 국민 야식 '쎈쑤지' 맛을 내는 쎈쑤지 양념 가루. 각종 요리에 사용하면 익숙한 그 맛이 난다.

**통화자오 花椒粒
/ 화자오리**

초피나무 열매이자 얼한 매운맛을 내는 중국 쓰촨 지방 향신료. 마라 요리에도 사용된다.

**화자오가루 花椒粉
/ 화자오펀**

통화자오를 갈아서 만든다. 요리에 뿌리면 얼얼한 맛이 난다.

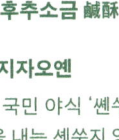  

마가오 馬告

대만 원주민의 향신료. 레몬그라스 향이 나는 산후추다. 알싸한 맛이 매력적이다.

**간장소스 醬油膏
/ 장유가오**

간장을 약간 달콤하게 졸인 페이스트 질감의 소스. 전분이 함유되어 있어 음식에 직접 뿌리거나 걸쭉한 소스를 만들 때 첨가한다.

**검은콩간장 陰油淸
/ 인유칭**

검은콩으로 만든 깊은 풍미의 간장은 다양한 요리에 쓰인다.

금문고량식초 金門高粱醋 / 진먼가오량추

대만의 국민 백주인 금문고량주를 증류하고 남은 주정을 발효시켜 만든 식초. 진한 곡물 향에 과일 향도 살짝 느껴진다. 일반 요리는 물론이고 칵테일에도 사용한다.

❼ 남들과는 다르게!
대만 기념품
& 선물

펑리쑤(펑리수) 외에도 대만 여행을 기념하거나 선물할 만한 물건은 무척 많다. 군것질거리 같은 먹거리, 조미료 등의 식재료, 각종 소품과 생활용품, 문구, 술 등 다양한 기념품과 선물 중에 내 취향은 무엇일까?

대만커피 드립백 台灣咖啡 掛耳包
삼고사가배관(152쪽), 토생토장(294쪽)
대만은 원두 산지 중 한 곳이라서 좋은 품질의 원두가 많다. 원두 홀빈이나 선물용 드립백이 모두 맛있다.

천인명차 원편 티백 天仁茗茶
슈퍼마켓
차가 맛있기로 소문난 대만에서 커피 대신 선물할 수 있는 가성비 높은 차. 주황색은 고산우롱차, 녹색은 녹차다.

대만요리 양념 키트(바쿠테 肉骨茶, 차예단 茶葉蛋, 루웨이 滷味 등)
신농생활(258쪽), 슈퍼마켓

육가공 식품은 해외 반출이 안 되지만, 양념 키트는 가능하니 현지 양념으로 한국에서 맛있게 요리해보자.

대만과일잼 果醬
굿초스(282쪽), 토생토장(294쪽), 신농생활(258쪽), 미래시(300쪽), 라이하오(308쪽)

당도 높은 대만 열대과일이나 한국에서 먹어보기 어려운 과일로 만든 잼도 맛있고, 선물용으로도 제격이다.

대만스타일 플랫슈즈
소화원(301쪽), 타이완비요리(280쪽)

얼핏 보면 너무 화려한 것 같지만 잘 살펴보면 망사 실내화나 자수 실내화, 단정한 플랫슈즈 등 유니크한 제품을 발견할 수 있다.

휴대용 컵 홀더 杯帶 / 베이다이
성품생활난시(256쪽), 대화행(319쪽)

대만 정부에서는 환경을 보호하기 위해 일회용 컵 홀더 사용을 금지했다. 그래서 대부분이 끈이나 천, 망사 등으로 만들어진 개인용 컵 홀더를 사용한다.

대만 국민 가방(망사 시장가방 & 파우치 & 꽃 모티프 가방)
라이하오(308쪽), 부댜오(290쪽), 디화제 일대
대만 시장가방과 파우치, 꽃무늬 패브릭 가방은 예쁘고 쓸모 있다.

다구
인래풍(144쪽), 십세소완돈목요(276쪽), 무사생활(156쪽)
차의 나라답게 여러 종류의 차와 아름다운 다구를 취급하는 곳이 많다.

대만 아로마 용품
성품생활쑹옌(286쪽), 성품생활난시(256쪽), 융캉제에 있는 브랜드 차쯔탕茶籽堂, 아위안阿原YUAN, 콰이산팡檜山坊, 디화제에 있는 다춘비누(298쪽)
대만산 식물로 만들거나 전통 기법으로 제조한 아로마 브랜드가 많다. 비누, 헤어와 보디용품, 핸드크림, 향이나 향수, 디퓨저 등의 향기용품 등이 있다.

이메이 과자류
이메이푸드(250쪽)

과자를 좋아하면 타이베이 각지에 있는 이메이푸드에 가자. 펑리쑤, 에그롤, 대추호두고와 한국에서 보기 힘든 과자들을 쓸어담게 될지도!

건과일
류우차사(162쪽), 라이하오(308쪽), 성천하약식포(80쪽)

생과일은 국내 반입이 안 되니 현지에서 많이 먹고 망고, 구아버, 용과 등의 건과일로 눈을 돌려보자.

인스턴트 면류
슈퍼마켓 면 코너, 성품생활쑹옌(286쪽)에 키키 KiKi 충유반몐(파간장비빔면) 등을 판매중

면 요리가 많은 만큼 인스턴트 면류와 간단한 면 키트도 유명하다. 특히 kiki의 충유반몐(파간장비빔면/녹색)이 인기가 많은데 성품생활쑹옌이나 까르푸 등에서 살 수 있다.

선물용 전통과자
이정향(246쪽) 및 디화제 일대

대만의 전통을 살려 거북이나 동전 등의 모양으로 만든 전통과자, 선물패키지 또한 대만풍으로 아기자기하다.

펑리수 鳳梨酥
서니힐(244쪽), 왕래산(252쪽)

하늘 아래 같은 펑리수는 없지만 맛없는 펑리수를 찾기도 어렵다. 비슷한 듯 맛의 특징이 다르고 패키지도 다양하니 '원픽'을 찾는 것도 재미있다.

문구
톨스투리브바이(272쪽), 성품생활 문구류코너(쑹옌, 난시, 타이베이역, 중산역 등)

대만은 잘 알려진 문구 강자. 문구 투어를 도는 여행자도 있고, 고급스러운 디자인부터 아기자기한 것, 대만풍 디자인 등 다양한 취향을 만족시킬 만한 물건이 많다.

작은 맥주컵
라이하오(308쪽)나 디화제 일대 잡화점

대만 술집에서 많이 사용하는 125ml 용량의 작은 맥주컵은 기념품 가게에서도 빠질 수 없는 인기상품이다.

생분해 비닐봉지
슈퍼마켓

환경을 생각하는 생분해 비닐봉지는 한국에서도 팔지만 가격이 비싼 편이니 대만에서 구입하는 것도 좋다.

카발란 위스키
까르푸, 가품양주, 카발란숍(322쪽), 리쿼숍

인기 위스키 카발란 제조국은 대만. 구하기 어려운 제품이나 한정판, 한국이나 면세점에 없는 제품을 구할 수도 있다. 대체로 대만이 더 저렴한데, 환율이나 할인 등으로 인해 한국이 더 쌀 수도 있으니 가격 비교는 필수다.

⑧ 타이베이 풍경을 100% 즐기는
대만 감성 산책길

여행 동선은 번화한 거리나 맛집, 쇼핑 지역 위주가 대부분이지만, 대만 여행의 묘미 중 하나는 산책이다. 날씨가 아주 더운 때만 아니라면 나무가 많고 길이 예쁜 산책로를 걸으며 진짜 대만을 만끽해보자.

큰 도로 가운데 작은 숲길 같은 보행로가 있는 곳
❶ 런아이루3단 仁愛路三段 →

런아이루는 키 큰 야자수가 끝없이 이어져 웅장한 풍경을 자아낸다. 다른 수종의 나무들도 다양하게 어우러져 무척 멋있다. 차가 다니는 도로 한가운데인데도 나무가 둘러싼 덕분에 숲속의 작은 오솔길을 걷는 듯하다.

map

← ❷ 둔화난루2단 敦化南路二段

둔화난루는 런아이루보다는 좀 더 아기자기한 느낌을 준다. 가로수들이 도로를 아치 모양으로 감싸 긴 녹색 터널이 펼쳐진다. 싱그러운 초록빛 나뭇잎 사이, 볕뉘가 아름다운 길이다. 군데군데 벤치도 많다.
런아이루와 둔화난루 모두 타이베이의 중심부를 지나는 길이라 대충 어디서 빠져나와도 번화가와 가깝다.

map

국립대만대학교 캠퍼스의 멋진 야자수길
타이다 예린다다오 臺大 椰林大道 →

대만대 캠퍼스로 들어가면 드넓은 길이 등장한다. 하늘 높이 솟은 야자수들이 양쪽으로 늘어선 길은 이국적이고 박력이 넘친다. 그 길로 자전거를 탄 학생들이 지나가는데, 마치 대만 청춘 영화의 한 장면 속으로 들어온 것만 같다! 다만 거대한 야자수 아래를 지나가다 보면 '낙엽주의'라고 써진 표지판이 있다. 대만대 야자수 낙엽은 주의해야 할 만큼 매우 커서 무조건 조심해야 한다. 대만대는 캠퍼스도 예쁘고 학생 식당도 저렴하고 맛있다. 색다른 여행을 원한다면 한 번쯤 도전해보자.

map

재미있고 특이한 것이 많은 젊은이의 거리
츠펑제 赤峰街 →

한국의 을지로와 비슷한 느낌의 낡은 거리에 힙한 젊은이들이 모여들면서 독특한 분위기를 띤 거리가 되었다. 빈티지 옷 가게나 레코드점, 독립 서점, 젊은 디자이너의 가게, 다양한 레스토랑과 카페가 골목골목에 숨어 있다.

map

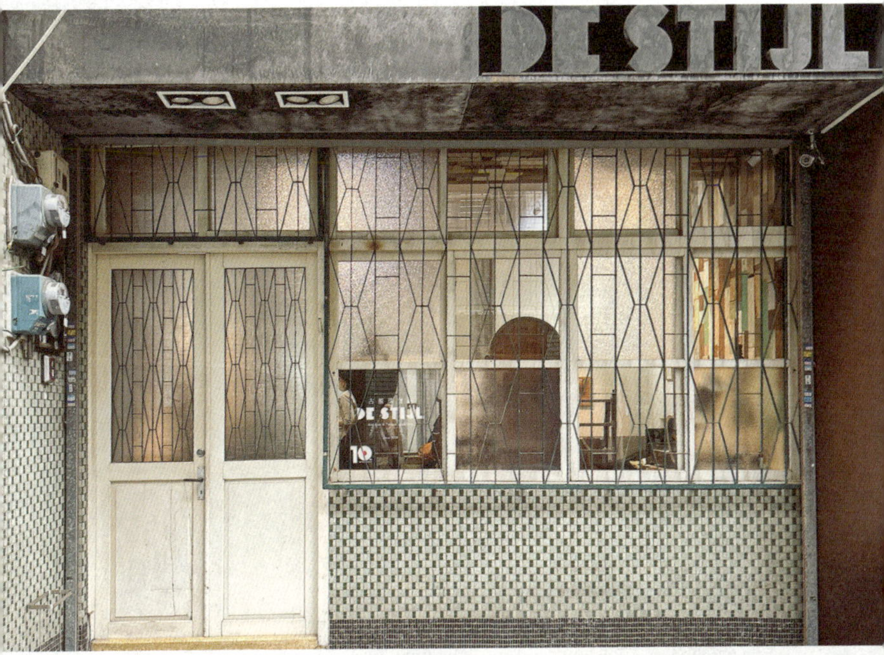
DE STIJL
DE STIJL

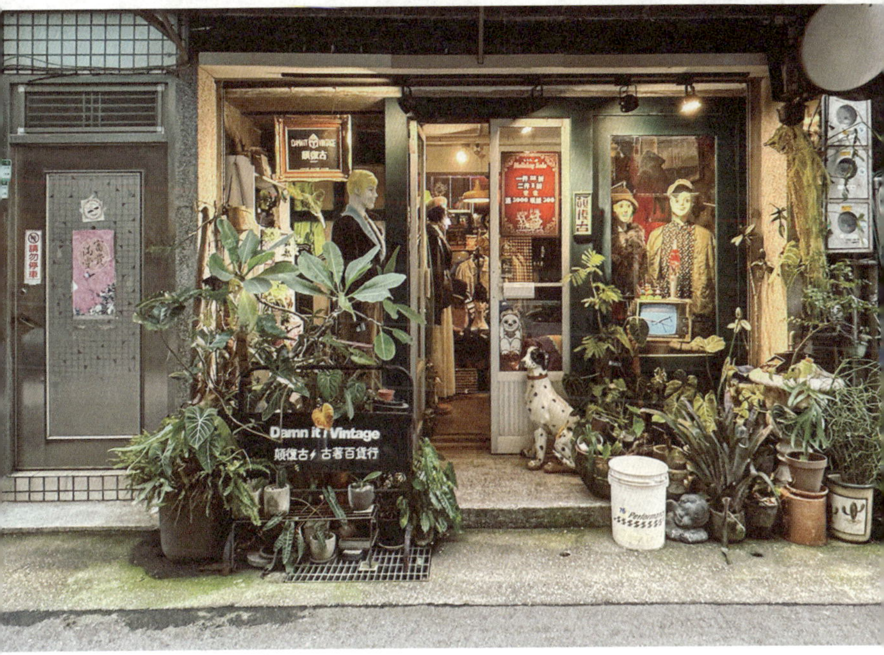
請勿停車
頹復古
Damn it ! Vintage
頹復古 古著百貨行

當地美食店

현지인이
인정하는
타이베이의 맛
로컬 노포 맛집

Local Restaurant

Jin Chun Fa Beef Restaurant 진춘파뉴러우뎬

金春發牛肉店
금춘발우육점

현지인이 추천하는 진짜 우육면 맛집

산뜻하고 맑은 탕의 우육면清燉牛肉麵이 맛있는 100년 노포. 마치 칼국수 같은 면발은 적당히 심이 살아 있어 쫄깃하며 고기도 부드럽다. 당면冬粉을 선택하거나 면이 없는 탕 메뉴를 주문할 수도 있다. 우육탕에 들어가는 고기는 등심, 힘줄, 양, 내장, 우설 등 다양한 종류 중에 고르면 된다. 입구 쪽 코너에 있는 매운 양념도 꼭 챙겨서 국물 맛을 조절하거나 고기를 찍어 먹어보자. 우육면 외에도 수육, 프라이드비프커리, 공심채볶음, 커리우육면볶음, 등 메뉴가 많아서 취향에 따라 골고루 맛보기 좋다. 타이베이에 몇 개의 지점이 더 있으니 검색해보고 가까운 곳으로 가길 추천한다. 톈수이루 본점은 페이스북에 쉬는 날을 공지하니 꼭 확인하고 방문해야 헛걸음하지 않는다.

- 台北市大同區天水路20號
- +886 2 2558 9835 / 톈수이루 본점
- MRT 베이먼역(G13) 2번 출구 도보 11분
- 월 휴무 / 화-일 11:15-20:30
- 불가

map

web

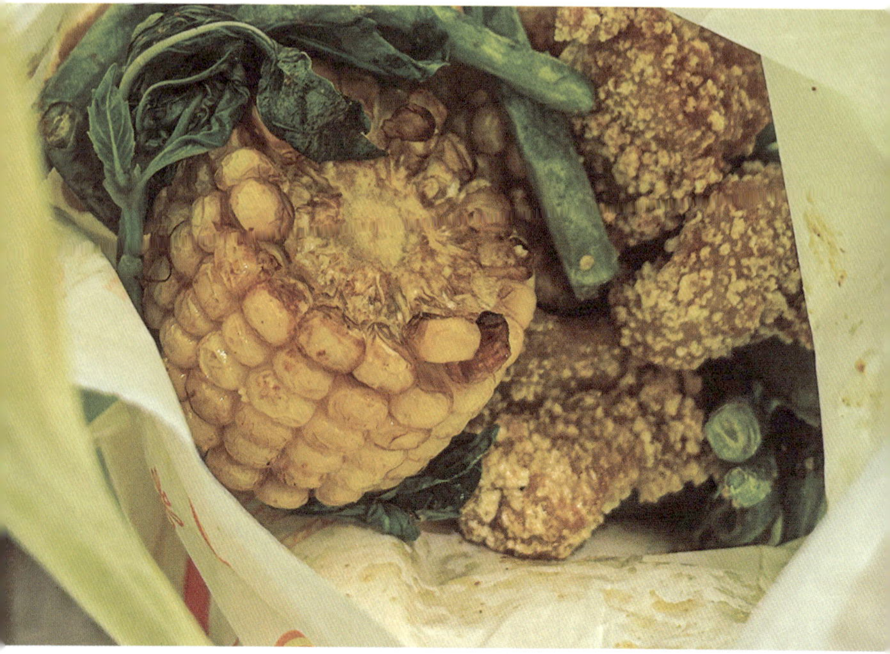

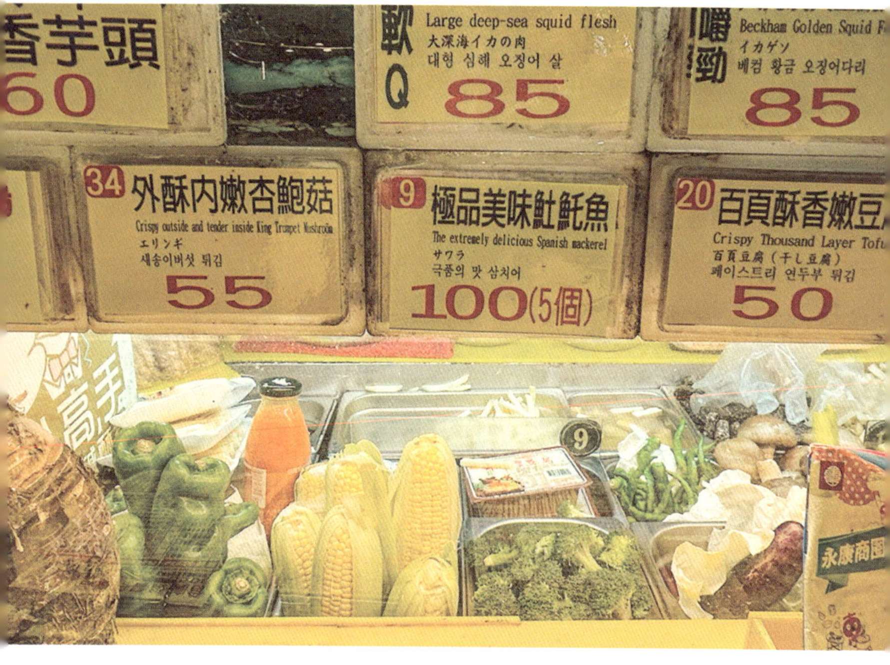

香芋頭	Large deep-sea squid flesh 大深海イカの肉 대형 심해 오징어 살	Beckham Golden Squid F 베컴 황금 오징어다리
60	軟Q 85	85
③④ 外酥內嫩杏鮑菇 Crispy outside and tender inside King Trumpet Mushroom エリンギ 새송이버섯 튀김 55	⑨ 極品美味鮀鮁魚 The extremely delicious Spanish mackerel サワラ 극품의 맛 삼치어 100(5個)	⑳ 百頁酥香嫩豆 Crispy Thousand Layer Tofu 百頁豆腐（干し豆腐） 페이스트리 연두부 튀김 50

64

Top 1 Fried Chicken　　　　　　　　　　　딩젠가오서우셴쑤지

頂尖高手鹹酥雞
정첨고수셴쑤지

한국 치킨 게 섰거라!

대만의 대표 야식 셴쑤지鹹酥雞는 채소, 버섯, 두부, 닭 등 다양한 재료를 즉석에서 조리해주는 길거리 음식이다. 닭을 튀겨서 만드는 팝콘치킨이 메인이지만, 대만 현지 채소를 굽거나 튀겨서 간편하게 맛볼 수 있는 것도 장점이다. 벽에 걸린 추천 메뉴에 한국어가 표기되어 있어 재료 선택이 편리하다. 주문서에 재료의 번호를 체크하고 주문 결제하면 된다. 단, 포장만 가능하다. 완성된 음식은 약간의 향신료 향이 있는 편이고, 주문할 때 매운 단계를 조절하거나 마늘, 바질 토핑을 추가할 수 있다. 무뼈닭튀김(1번)과 아삭아삭한 그린빈(25번), 톡톡 터지는 옥수수(29번)도 맛있으니 팝콘치킨과 함께 꼭 먹어보길!

- 📍 台北市大安區永康街15之8號
- 📞 +886 2 2327 8508 / 융캉 지점
- 🚇 MRT 둥먼역(R07, O06) 5번 출구 도보 5분
- 🕒 월-일 15:00-24:00
- Ⓟ 불가

map

web

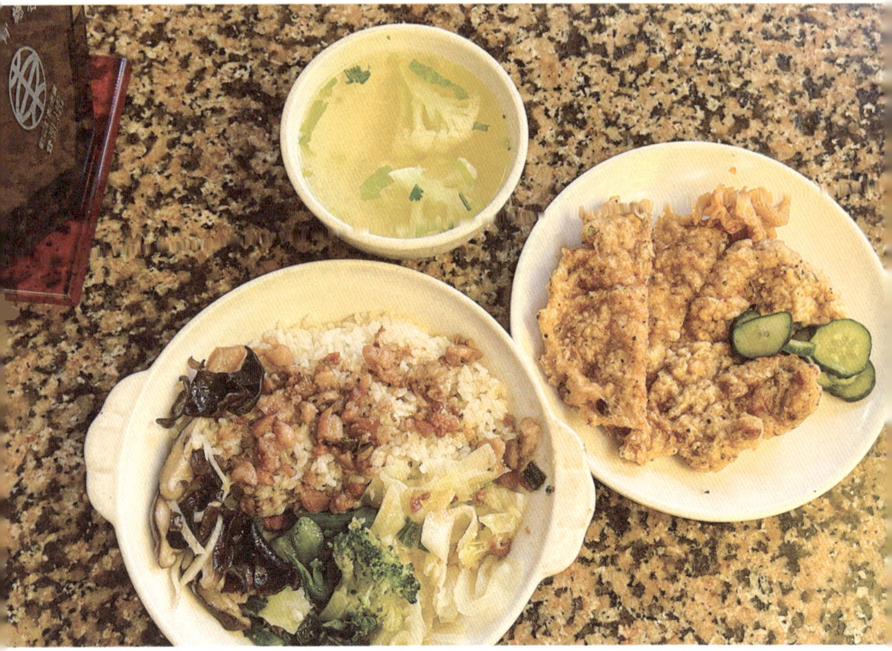

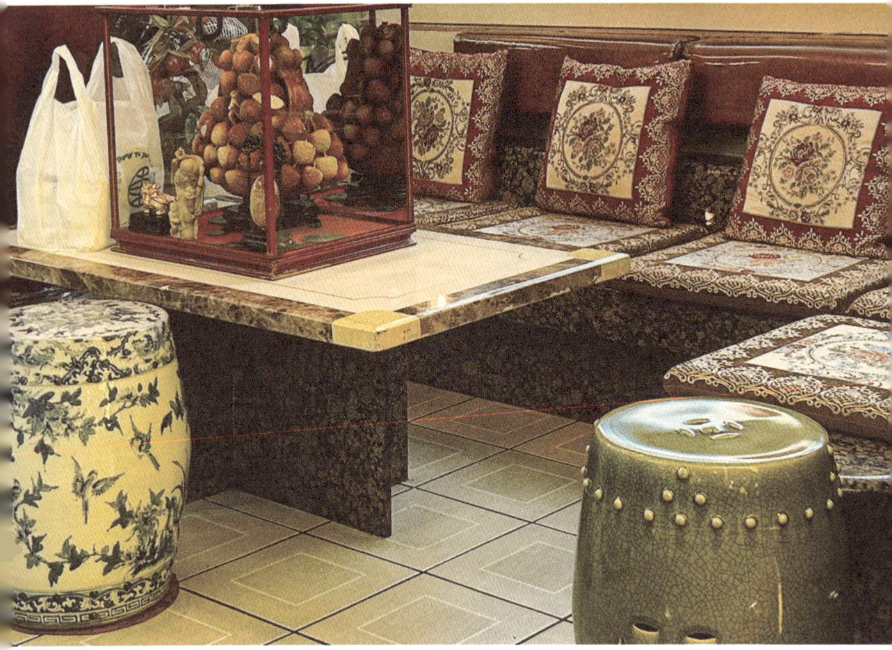

Dong Yi Pork Chop Main Store　　　　　　　동이파이구쫑뎬

東一排骨總店
동일배골총점

복고적인 로컬 분위기에서 즐기는 대만 백반

1971년에 개업한 이래 50년이 넘는 동안 현지인이 즐겨 찾는 대만식 돼지갈비튀김정식排骨飯 전문점. 반짝거리는 전구 장식과 레트로한 파이프 의자로 이루어진 인테리어가 심상치 않다. 현금으로 선결제하고 착석하는 시스템으로, 영어 메뉴가 있어서 손쉽게 주문할 수 있으니 "잉원차이단(英文菜單)"이라고 말하며 먼저 요청하자. 가장 유명한 돼지갈비튀김정식을 시키면 흰쌀밥, 손바닥만 한 크기의 바삭한 갈비튀김, 세 가지 채소볶음과 국이 함께 나온다. 무척 붐비는 데다 직원이 친절한 편은 아니지만, 음식으로 정평이 난 곳이다. 닭다리정식雞腿飯과 생과일주스도 인기가 많다.

- ⊚ 台北市中正區延平南路61號2樓
- ☏ +886 2 2381 1487
- 🚇 MRT 시먼역(BL11, G12) 5번 출구 도보 5분
- 🕐 월 휴무 / 화-일 11:00-19:50
- 💲 180NTD부터 시작
- Ⓟ 불가

map

林森南路
61巷
19
中正區

林森南路 61巷19號
龍門客棧
餃子館

營業時間
17:00～23:00
(中午不營業)

Longmen Dumpling House 룽먼커잔자오쯔관

龍門客棧餃子館
용문객잔교자관

떠돌이 협객을 위로하는 만두와 요리

'용문객잔'은 호금전(킹후)과 차이밍량 감독이 만든 영화 제목이기도 하지만, 현지인이 줄을 서서 먹고 갈 만큼 유명한 노포 만두 가게의 이름이기도 하다. 북적이는 가게에 들어서면 주방에서 쉴 새 없이 만두를 빚는 장면을 볼 수 있다. 까다로운 현지인 친구가 추천한 물만두는 피가 두툼한 북방 스타일로, 속이 촉촉하고 느끼하지 않아 계속 손이 간다. 여기에 얼큰한 계란탕을 곁들이면 더욱 만족스러운 한 끼를 즐길 수 있다. 족발, 양, 순대, 두부피 등 술안주 메뉴도 넉넉해서 밤에 한잔하기 딱 좋은 곳이다. 시그니처 물만두와 족발, 우육면을 추천한다.

- 台北市中正區林森南路61巷19號
- +886 2 2351 0729 / 린썬 지점
- MRT 산다오사역(BL13) 5번 출구 도보 10분
- 월 휴무 / 화-일 17:00~23:00
- 불가

map

web

Zhang Mama Beef Noodles   장마마뉴러우멘

張媽媽牛肉麵
장마마우육면

토마토우육면이 궁금하다면 장마마로!

산책하기 좋은 조용한 동네, 민성서취民生社區에 자리 잡은 우육면 노포. 빨갛고 진한 국물의 홍사오우육면紅燒牛肉麵과 깔끔한 토마토우육면蕃茄牛肉麵이 맛있다. 통통한 칼국수 같은 면에 시원한 토마토탕의 조합이 절묘한데, 경상도식 빨간 소고깃국을 좋아한다면 과감하게 시도해보길 권한다. 면 굵기(細麵얇은 면/寬麵넓은 면)를 선택할 수 있고, 비빔면과 우육탕, 오이무침 등의 반찬도 몇 가지 있다. 현금 결제는 필수다.

- ⊙ 台北市松山區民生東路五段138巷13號
- ☏ +886 2 2760 0296
- Ⓜ MRT 난징싼민역(G18) 1번 출구 도보 14분
- ⓛ 월-일 11:00-14:30, 17:00-20:30
- Ⓟ 불가

map

web

홍사오우육면

74

Ba Fang Yun Ji Dumpling

八方雲集
팔방운집

군만두는 어디서나 진리

궈테(鍋貼군만두)가 저렴한 프랜차이즈 맛집이다. 양배추가 들어간 시그니처 궈테가 유명하고 부추, 옥수수, 한식 스타일의 매운 궈테도 맛있다. 만두 외에도 마장건면, 홍사오우육면(고수 포함) 등을 주문하면 실패하지 않는다. 입구에서 주문과 결제를 마치면 번호표를 주고, 순서대로 음식을 받는다. 가게 한편에 간장, 식초, 접시, 수저 등을 갖추고 있어 셀프로 이용하면 된다. 계산대 메뉴에 한국어 표기가 있고, 모든 메뉴가 가성비가 좋아 현지 손님이 많다.

- 台北市中正區羅斯福路三段333巷9號
- +886 2 2362 5189 / 대만대 지점
- MRT 궁관역(G07) 3번 출구 도보 5분
- 월-일 10:30-20:30
- 궈테, 물만두 7NTD부터 시작, 마장건면 45NTD
- 불가

map

web

Wenzhou Street Radish Pancake   원저우제뤄보쓰빙다런

溫州街蘿蔔絲餅達人
온주가무채전병

갓 튀겨낸 고로케 같은 무채전병

무채전병은 두툼한 반죽에 가늘게 썬 무채만을 넣고 튀긴 음식이다. 한국인에게는 '무호떡'으로 유명하다. 갓 튀긴 것을 바로 내주는데, 뜨거울 때 먹어도 맛있고 식어도 여전히 맛있다. 무조건 줄을 서야 할 정도로 손님이 많지만, 음식이 빨리 나와 오래 기다리지 않아도 되니 안심하길. 줄 서는 곳에 한국어 메뉴판이 있고, 무채전병 외에도 파전병, 녹두병, 팥전병이 있다. 15NTD를 더 내면 반죽 위에 달걀을 얹어 튀겨준다. 계산대 왼편에 소스가 있으니 기호에 따라 뿌려 먹어도 좋다. 무채전병은 "뤄보쓰빙", 파전병은 "총요우 빙(표기법은 총유빙)"을 외치며 주문해보자.

- 台北市大安區和平東路一段186-1號
- +886 2 2369 5649
- MRT 구팅역(G09, O05) 4, 5번 출구 도보 11분
- 일 휴무 / 월-토 7:00-20:00
- 무채전병 35NTD
- 불가

map

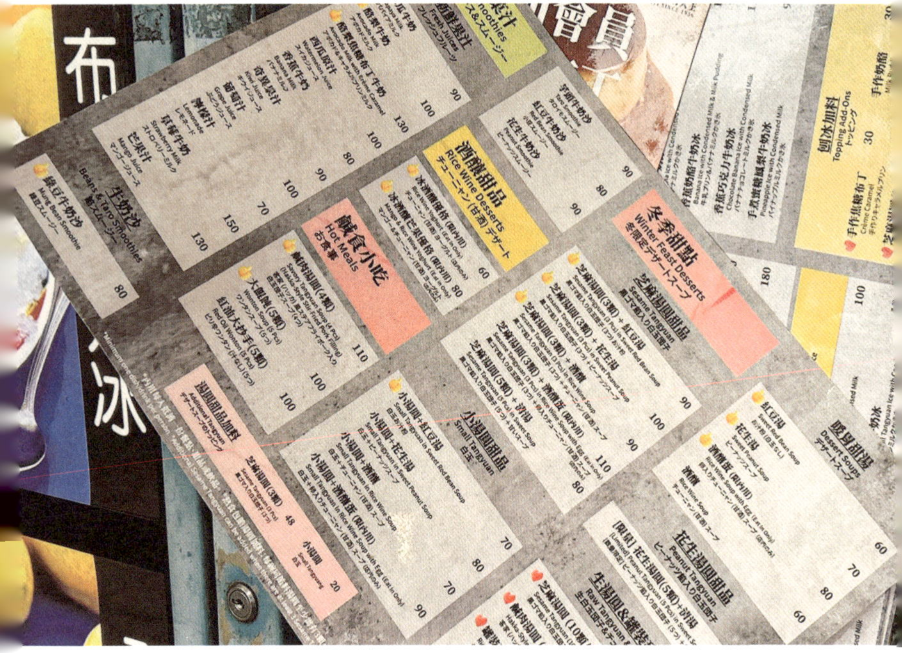

Taiyi Milk King　　　　　　　　　　타이이뉴나이다왕

臺一牛奶大王
대일우내대왕

여름과 겨울의 디저트

음식도 맛있기로 유명하지만 디저트도 빼놓을 수 없는 나라가 대만이다. 60년이나 된 디저트 노포에는 빙수와 탕위안湯圓(한국의 단팥죽과 비슷한 음식)을 먹으려는 현지인과 관광객이 가득하다. 아예 가게 밖 입구에 중국어, 영어, 일본어 메뉴판이 걸려 있을 정도다. 추천하는 메뉴는 망고빙수와 딸기밀크푸딩빙수, 따뜻한 흑임자탕위안芝麻湯圓이다. 탕위안을 주문하면 흑임자 소를 듬뿍 넣은 떡에 곁들일 수프를 골라야 하는데, 팥탕, 땅콩탕, 감주탕(쌀을 발효시켜 약간의 알코올이 함유된, 달콤한 식혜 같은 탕) 등이 있다. 동짓날에는 탕위안을 사려는 사람들이 몇십 미터나 줄을 서는 인기 가게이며 현금 결제만 가능하다.

- ⦿ 台北市大安區新生南路三段82號
- ☏ +886 2 2363 4341
- 🚇 MRT 궁관역(G07) 3번 출구 도보 7분
- 🕒 월-일 11:00-23:00
- Ⓟ 불가

map

web

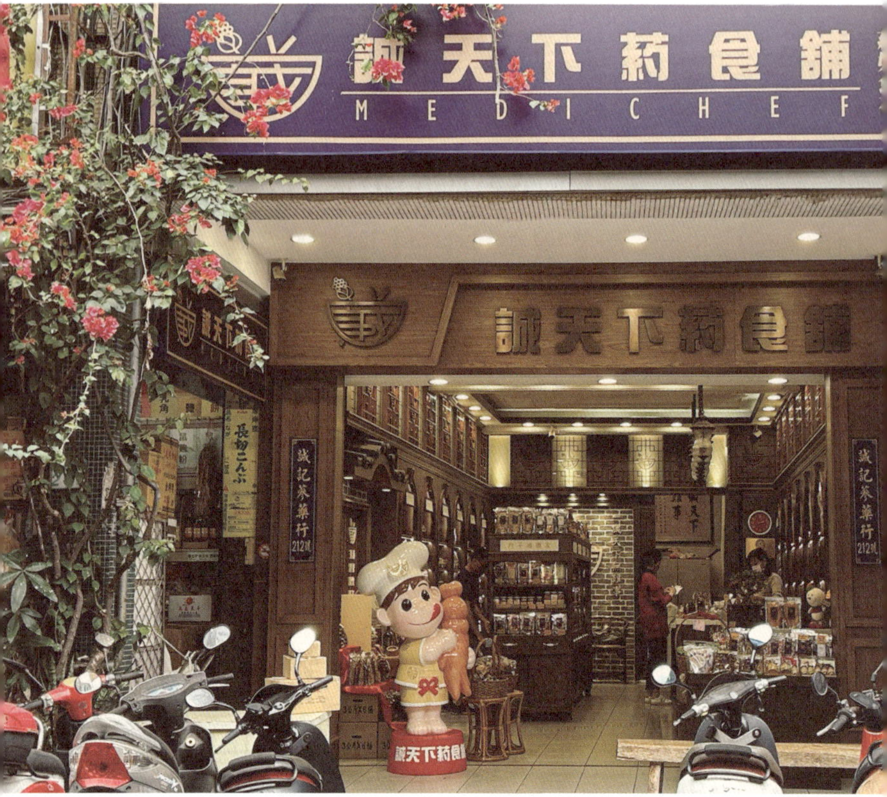
誠天下葯食鋪
MEDICHEF
誠天下葯食鋪
誠記蔘藥行
212號
長切こんぶ
誠天下葯食鋪

誠天下葯食鋪

茶葉蛋
滷香包

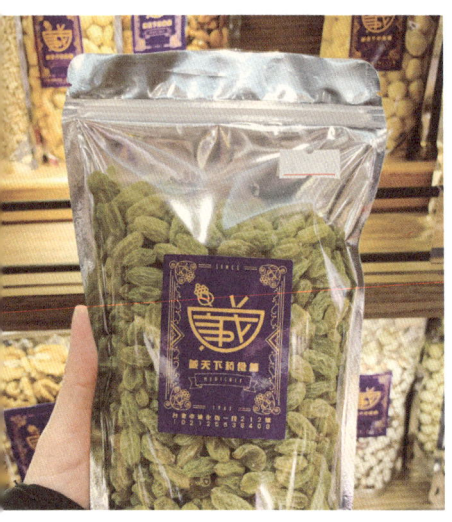

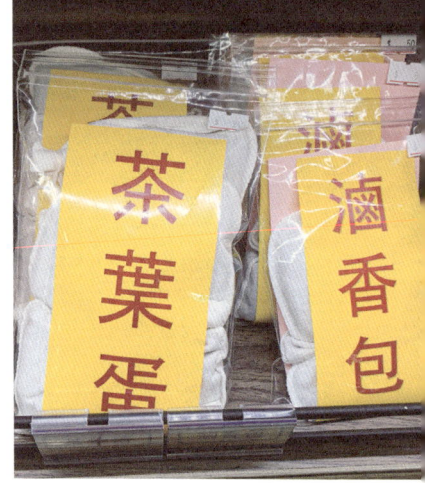

MediChef　　　　　　　　　　　　　　　　　청톈샤야오스푸

誠天下葯食舖
성천하약식포

대만 향신료의 향연

건과일, 건채소, 견과류뿐만 아니라 한방 약재와 대만 향신료 등을 판매하는 전통 있는 가게. 약재상 같은 분위기와 달리 커다랗고 귀여운 마스코트가 인삼을 들고 입구에서 반겨준다. 이곳에는 한국에서 보기 힘든 식재료가 많은데, 중국 신장의 특산물 청건포도, 기침에 잘 듣는다는 정육면체 모양의 간식 팔선과八仙果, 아무 맛이 나지 않는 과일 아이위로 만든 천연 젤리 아이위愛玉 등이 유명하다. 대만 전통 요리를 만들 수 있는 키트 또한 다양하다. 찻잎과 간장, 각종 향신료를 넣고 졸여서 만드는 차예단茶葉蛋(대만 편의점이나 길거리 달걀 요리) 키트, 오리와 생강을 넣은 대만 보양 국물 요리 쟝무야薑母鴨 약재 키트, 더위를 가시게 하는 매실음료 산매탕酸梅湯 키트 등 대만 현지 식재료와 요리용 양념이 가득하다. 대만을 더 깊숙이 맛보고 싶다면 꼭 들러봐야 할 곳이다.

- ⊙ 台北市大同區迪化街一段212號
- 📞 +886 2 2553 8408
- 🚇 MRT 다차오터우역(O12) 1A 출구 도보 10분
- 🕐 일 휴무 / 월-금 9:00-17:30 / 토 9:00-18:00
- Ⓟ 불가

map

web

Nanmen Market   난먼스창

南門市場
남문시장

풍요로운 명절의 재래시장 분위기

타이베이 사람들이 주로 명절을 준비하러 들르는 재래시장. 2023년에 완공한 새 건물에 점포들이 들어선 형태로 운영한다. 규모는 작지만 무척 깔끔하다. 1층에서는 중국 전통 음식과 식재료를 판매하는데, 하몽과 비슷한 중국식 햄인 진화햄金華火腿, 중국식 베이컨인 라러우臘肉, 찹쌀과 양념고기 등을 넣고 댓잎에 싸서 찐 쭝쯔粽子나 쌀가루를 쪄서 만드는 한국의 떡과 비슷한 쑹가오鬆糕 등이 있다. 2층의 푸드코트에는 도삭면이나 볶음밥, 만두, 커리, 더우화(두유로 만든 푸딩)나 빙수 등 먹거리가 다양하다. 식사 자리가 넉넉하고 지하주차장이 있어 편리하다.

- ⚲ 台北市中正區羅斯福路一段8號
- ☏ +886 2 2321 8069
- Ⓜ MRT 중정기념당역(G10, R08) 2번 출구 바로 앞
- ⏱ 월 휴무 / 화-일 7:00-19:00
- Ⓟ 지하주차장 / 유료

map

web

식재료 시장。푸드코트

Pucci Buns   푸지서우궁바오쯔

葡吉手工包子
포길수공포자

귀여운 찐빵 & 맛있는 찐빵

찐빵과 비슷하면서도 속이 꽉 찬 만두 같기도 한 바오쯔 전문점이다. 오랫동안 발효한 반죽을 사용해 만두피가 부드러우면서도 쫄깃하다. 귀여운 팬더 모양의 바오쯔가 인기인데, 흑임자 소가 들어있다. 다양한 바오쯔 중에서 일반 돼지고기鮮肉包, 동파육죽순東坡肉筍子包, 돼지고기야채菜肉包 맛을 추천한다. 포장만 가능하지만, 만두가 꽤 큼지막해서 손에 들고 먹으면 된다. 지점이 많아서 자주 눈에 띄는 편이니 살짝 출출할 때 들르기 좋다.

- 台北市中正區北平西路3號1樓
- +886 2 2314 9858 / Breeze타이베이역 지점
- MRT 타이베이역(BL12, R10) 1층 Breeze
- 월-일 10:00-22:00
- 25NTD부터 시작
- 지하주차장 / 유료

map

web

찐빵

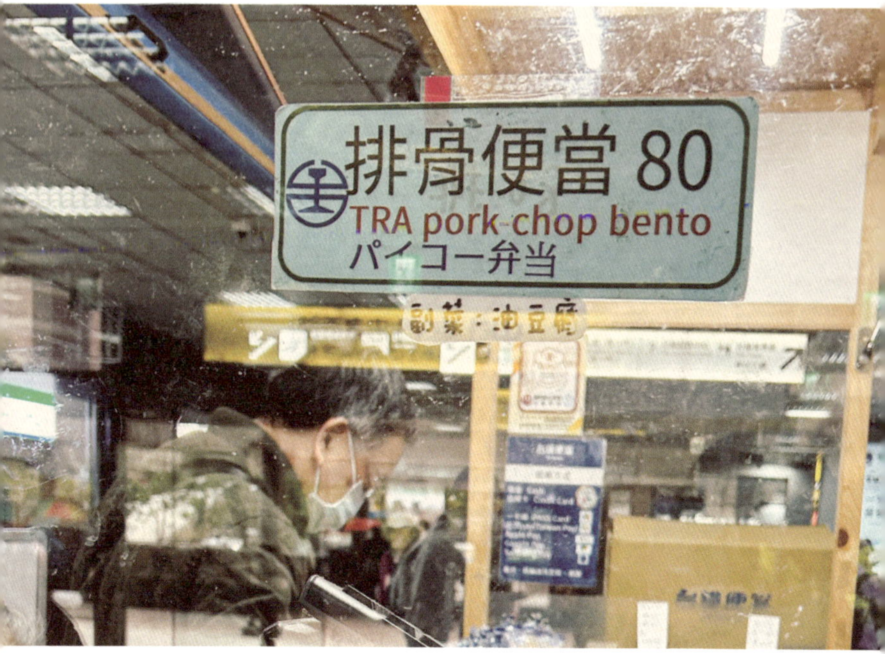
排骨便當 80
TRA pork-chop bento
パイコー弁当
副菜：油豆腐

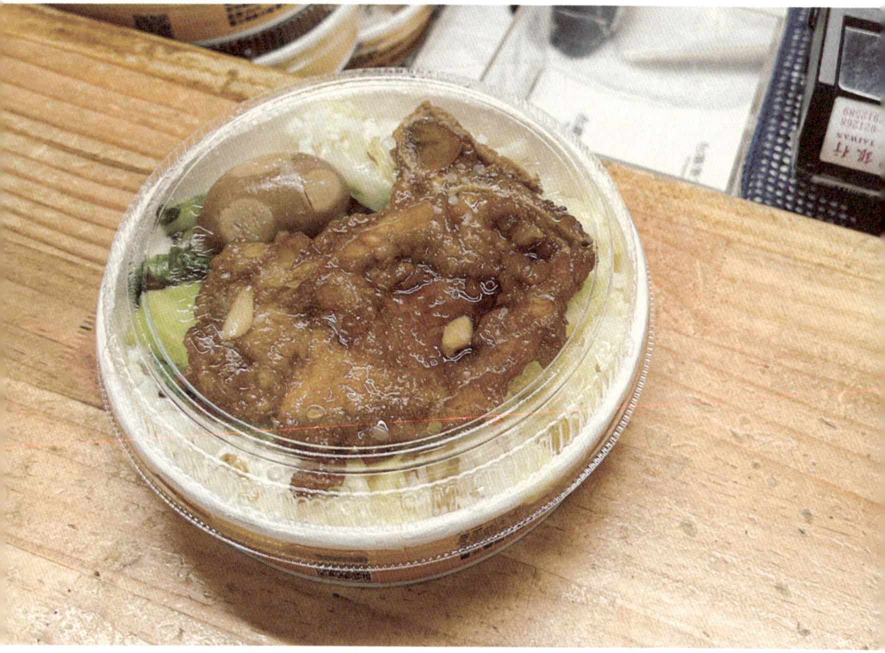

TR Bento   타이테벤당

台鐵便當
대만철도도시락

대만 기차에서 먹는 도시락은 어떤 맛일까?

대만에서 기차 여행을 할 때 빼놓을 수 없는 것이 대만철도도시락이다. 기차를 타러 갈 때마다 개찰구 옆의 도시락 매대에 은근히 눈길이 가곤 했는데, 기차를 타지 않아도 도시락을 맛볼 수 있다. 타이베이역 1층 곳곳에서 도시락을 판매하기 때문이다. 구입한 도시락은 기차에서 먹는 것이 정석이지만, 현지인은 타이베이역 대합실 바닥에 앉아서 먹는 것 또한 문화로 자리 잡았다. 또는 소풍 가듯이 한적한 공원에서 맛보며 낭만을 즐길 수 있다. 커다란 고기가 올라간 돼지갈비도시락이나 닭다리도시락, 채식도시락 등의 가격이 80~130NTD정도로 합리적인 편이다. 간단하고 기본적인 음식으로 구성된 대만 스타일 한 끼 식사가 궁금하다면 타이베이역을 들러도 좋겠다.

- 📍 台北市中正區北平西路3號1樓
- 📞 +886 2 2361 9309 / 1호점
- Ⓜ MRT 타이베이역(BL12, R10) 1층 타이베이역 역사 내
- 🕐 월-일 9:30-18:30
- Ⓟ 지하주차장/유료

map

Dongmen Market   둥먼스창

東門市場
동문시장

시장에 먹으러 가자!

한국인에게 잘 알려진 융캉제와 가까운 동문(둥먼)시장은 현지인도 관광객도 즐겨 찾는 가게들이 많은 재래시장이다. 지하철역에서 가까운 야외시장(외시장)에서는 과일, 채소, 육류, 해산물뿐만 아니라 옷, 생필품 등 다양한 물건을 판다. 길 건너에 있는 만두 가게 동문흥기東門興記(95쪽)부터가 식당이 모여 있는 아케이드형 동문시장(내시장)이다. 시장 안에는 고기를 숯불로 구워주는 숯불구이 전문점 2788고육포(烤肉舖카오러우푸)가 있는데, 바삭바삭한 대만식, 과일 양념이 들어간 태국식, 매콤한 사천 스타일의 숯불고기가 꽤 맛있으니 들러보자. 단, 시장의 노점과 가게, 식당 대부분이 점심시간 무렵에 문을 닫으니 일찍 방문해야 한다.

- 台北市中正區信義路二段81號
- +886 2 2321 8209
- MRT 둥먼역(R07, O06) 2번 출구 도보 3분
- 월 휴무 / 화-일 7:00-14:00
- 불가

map

web

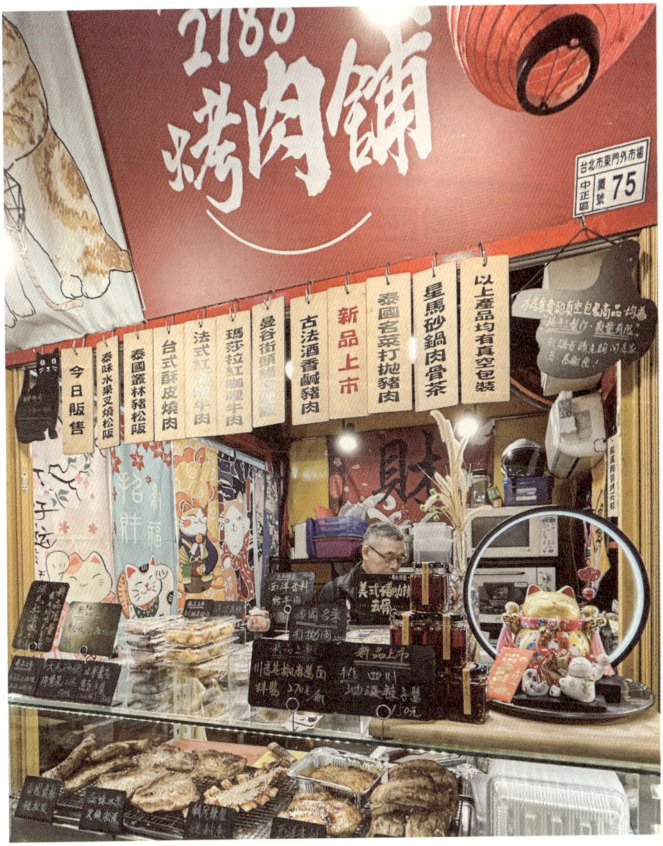
烤肉鋪
台北市東門外市場
中正區
攤號
75
今日販售
泰味水果叉燒松阪
泰國叢林豬松阪
台式酥皮燒肉
瑪莎拉紅咖哩牛肉
古法酒香鹹豬肉
新品上市
泰國名菜打拋豬肉
星馬砂鍋肉骨茶
以上產品均有真空包裝

2788고육포

map

Dongmen Jiayi Meat ball   둥먼자이궁완

東門嘉義貢丸
동문가의공환

동문시장 안에는 탱글탱글하고 잡냄새가 없는 돼지고기 미트볼 가게가 있다. 현지 단골이 많아서 동트기 전 새벽부터 줄을 서는 일이 비일비재할 만큼 맛으로 인정받은 곳이다. 메뉴는 궁환탕미트볼貢丸湯 하나로 포장만 가능하다. 현지인은 근 단위로 사고, 관광객은 낱개로 사면 컵에 담아줘 즉석에서 맛볼 수 있다.

- 台北市中正區臨沂街60巷2之6號(동문시장 내)
- +886 939 778 029
- MRT 둥먼역(R07, O06) 1, 2번 출구 도보 3분
- 월-화, 목-토 휴무 / 수, 일 6:00-12:30
- 궁환탕미트볼 2개 40NTD, 반 근(300g) 95NTD, 한 근(600g) 180NTD
- 불가

map

web

Dongmen Xingji Handmade Dumplings 둥먼싱지서우궁수이자오

東門興記手工水餃
동문흥기

동문시장 안에 있는 홍콩식 딤섬 전문점. 배우 임청하(린칭샤)가 고향인 타이베이에 들르면 이곳의 냉동만두를 잔뜩 사서 돌아간다는 에피소드로도 유명하다. 대부분 딤섬을 한 팩씩 포장해서 판매하고 새우가 든 하가우, 창펀, 부추만두, 바오쯔 등이 인기 메뉴다. 바로 만들어 신선하고 따끈따끈하다.

- 台北市中正區金山南路一段120號(동문시장 내)
- +886 2 2341 3452
- MRT 둥먼역(R07, O06) 2번 출구 도보 5분
- 월 휴무 / 화-일 8:00-17:30
- 125NTD부터
- 불가

map

鹹酥李
셴쑤리

셴쑤지를 업그레이드

일반적인 셴쑤지에 독특한 메뉴와 토핑을 더한 곳이다. 무뼈닭다리살튀김私房鹹酥雞, 연골이 있는 닭가슴살老李軟骨炸雞塊 등 기본 메뉴 대부분이 맛있다. 채소 중에는 팽이버섯튀김金針菇과 그린빈四季豆, 고구마튀김地瓜條을 꼭 맛보길 권한다. 이탈리아만두 Bertagni義大利餃와 튀긴 탕위안炸湯圓, 시나몬슈거 사과튀김蘋果酥酥 같은 재미있는 메뉴도 있다. 사과, 파인애플, 파, 생마늘, 고수 등 다양한 토핑이 전부 무료인데, 그중 땅콩花生, 양파슬라이스洋蔥絲, 대만바질九層塔을 추천한다. 매운맛과 염도 조절이 가능하니 내 맘대로 재료를 조합해서 특별한 셴쑤지를 즐겨보자.

- ⊙ 台北市大安區金山南路二段211號
- ☎ +886 2 2358 7899
- 🚇 MRT 구팅역(G09, O05) 5번 출구 도보 7분
- 🕐 수 휴무 / 월-화, 목 17:00-23:00 / 금-일 17:00-23:30
- Ⓟ 불가

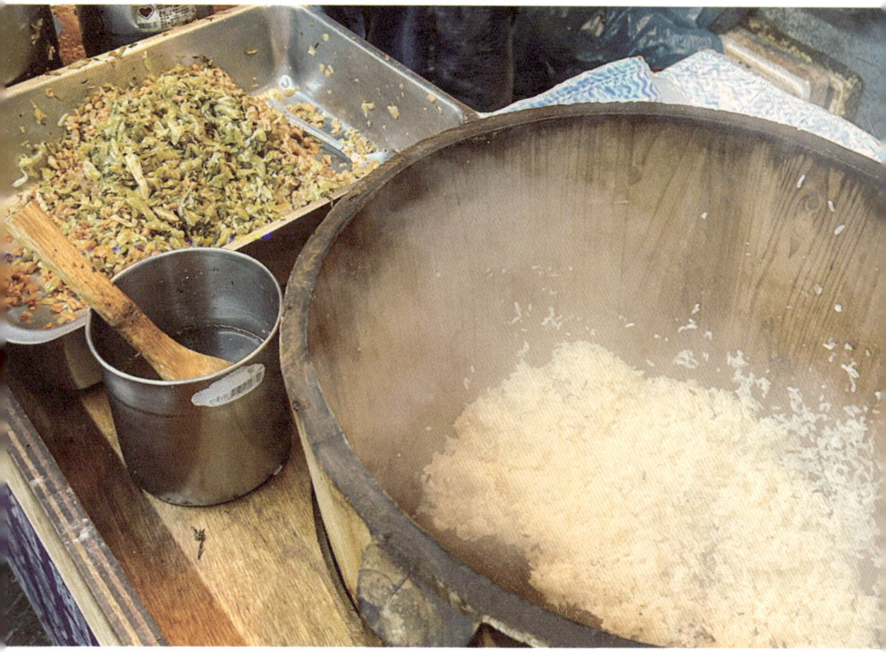

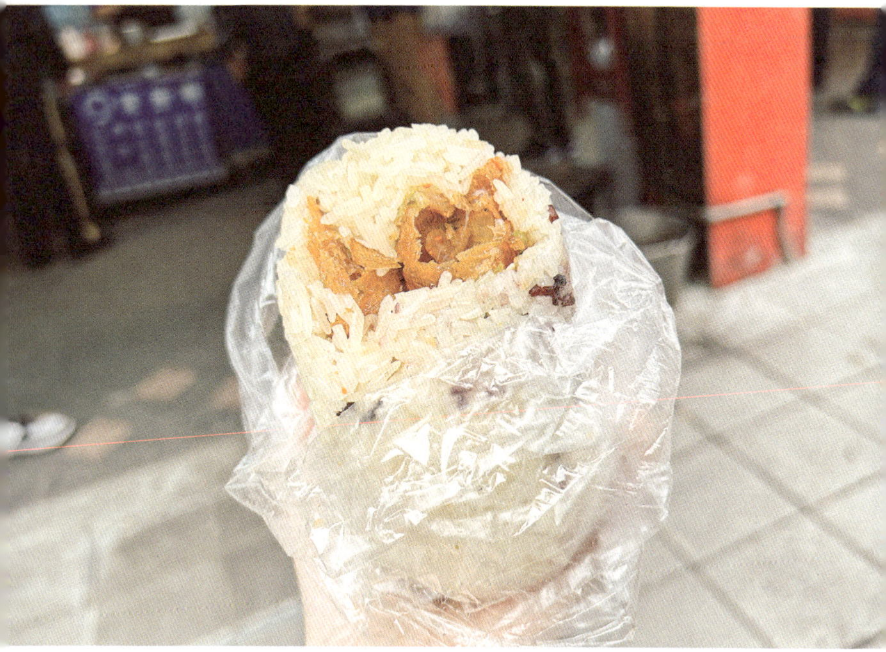

Liu Family Rice Wraps 류자판퇀

劉家飯糰
유가반단

대만 주먹밥이 궁금해!

갓 지은 밥에 여러 재료를 넣어 즉석에서 만들어주는 대만식 주먹밥을 판퇀飯糰이라고 한다. 이 판퇀 하나로 명성이 자자한 곳이 바로 유가반단이다. 큼직한 판퇀 하나에 두유 한 잔을 곁들이면 아침 내내 든든하다. 쫀쫀한 찹쌀밥에 바삭하게 튀긴 빵인 유탸오油條와 시큼한 채소절임, 포크플로스(돼지육포를 보송보송한 보푸라기 형태로 만든 것)를 넣은 시그니처 판퇀招牌飯糰이 유명하고, 채식 판퇀, 자색 쌀로 만든 판퇀, 베이컨이나 오믈렛판퇀도 있다. 메뉴판에는 한자 표기만 있으니 다른 메뉴가 궁금하다면 미리 알아보고 가는 것이 좋다. 평범한 재료들로 만든 주먹밥일 뿐인데, 왜 그 맛이 여행 후에도 생각나는지 먹어본 사람만이 안다.

- ⓥ 台北市大安區和平東路二段321號
- ⓒ +886 2 2706 6356
- Ⓜ MRT 테크놀로지빌딩역(BR08) 출구 도보 6분
- Ⓛ 일 휴무 / 월-토 6:30-13:00
- Ⓢ 시그니처 판퇀 40NTD
- Ⓟ 불가

map

Yili PaoPao Ice 이리파오파오빙

以利泡泡冰
이리포포빙

대만 스타일 아이스크림

이리포포빙은 사각거리는 식감이 좋은 대만식 셔벗 아이스크림을 파는 가게로 본점은 70년이 넘은 노포다. 가장 유명한 메뉴는 시그니처 땅콩맛. 땅콩 향이 진하고 풍부하면서도 맛이 무겁지 않아서 질리지 않고 먹을 수 있다. 달걀노른자를 넣은 달걀우유맛은 이름 때문에 자칫 비리지 않을까 우려할 수도 있지만, 크리미하고 고소한 맛이 남다르다. 그 외 망고맛, 패션프루트맛, 딸기맛, 파인애플맛, 타로(토란)맛 등이 있다. 콘 메뉴는 없고 오로지 컵에 담아 판매한다.

- 台北市中正區羅斯福路三段316巷8弄7號
- +886 2 2369 0690/ 대만대 지점
- MRT 궁관역(G07) 4번 출구 도보 3분
- 월-일 14:30-21:50
- 불가

map

대만식 아이스크림 101

Zhen Fang Brunch　　　　　　　　　　　　　　　전팡탄카오투쓰

真芳碳烤吐司
진방토스트

타이베이의 아침을 여는 토스트

대만은 아침식사의 천국이다. 유탸오와 함께 먹는 더우장豆漿(콩국, 한국인에게는 또우장으로 알려져 있다), 루러우판滷肉飯(돼지고기를 간장, 향신료와 함께 졸여 밥 위에 얹은 음식), 단빙蛋餅(밀가루 반죽 위에 달걀 등을 넣고 부친 밀전병), 뤄보가오蘿蔔糕(무떡), 사오빙燒餠(화덕에 구운 빵) 등 다양한 메뉴만 봐도 아침식사에 진심인 것을 알 수 있다. 많은 사람이 식당에서 아침을 사 먹기 때문에 조식 식당도 매우 많다. 그중 진방토스트는 식빵을 숯불에 구워주는 것으로 유명한 프랜차이즈 조식 토스트 가게다. 늘 현지인으로 가득 찬 이곳에는 짭짤한 맛과 달콤한 맛, 두 가지의 토스트가 있다. 돼지고기패티나 달걀, 치즈가 들어가 볼륨감이 있는 기본 토스트기 짠 메뉴이고, 땅콩버터나 연유, 초콜릿 등이 들어간 토스트가 달콤한 메뉴다. 삼삼한 옛날 스타일 홍차우유를 곁들여 먹으면 잘 어울린다. 특히 달콤한 토스트 중에 땅콩버터에 땅콩분태를 올린 땅콩토스트花生花生가 맛있다.

📍 台北市大安區和平東路二段209號
📞 +886 2 2706 2996 / 다안허핑 지점
🚇 MRT 테크놀로지빌딩역(BR08) 출구에서 도보 7분
🕐 월-일 6:30-13:30
🅿 불가

map

web

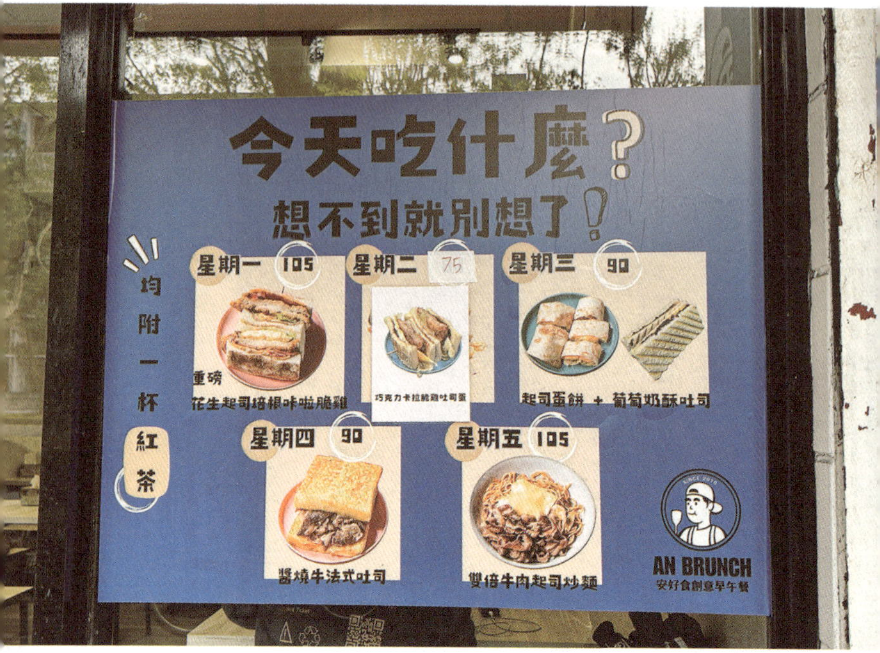
今天吃什麼？
想不到就別想了！
均附一杯紅茶
星期一 105
重磅
花生起司培根咔啦脆雞
星期二 75
巧克力卡拉脆雞吐司蛋
星期三 90
起司蛋餅 + 葡萄奶酥吐司
星期四 90
醬燒牛法式吐司
星期五 105
雙倍牛肉起司炒麵
SINCE 2016
AN BRUNCH
安好食創意早午餐

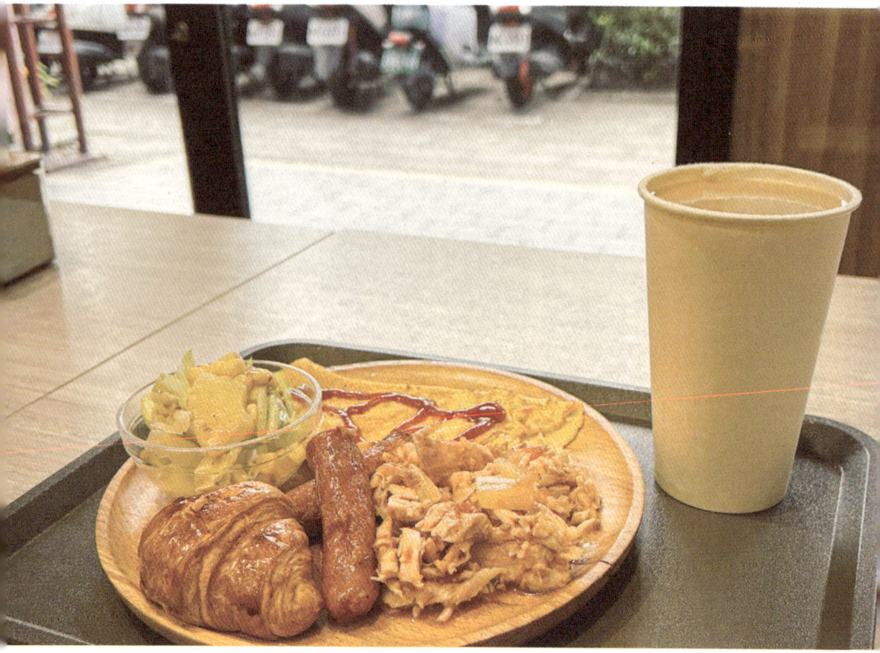

AN BRUNCH 안하오스

安好食
안호식

대만의 다양한 조식을 한자리에!

안호식은 일반 조식 가게보다 다양한 메뉴를 갖춘 브런치 매장이다. 토스트와 단빙도 있고 거봉포도토스트, 대만식볶음면도 인기가 많다. 샐러드와 오믈렛, 빵과 소시지, 여기에 고기까지 골고루 맛볼 수 있는 플래터 메뉴는 든든하게 브런치로 이용하기 좋다. 다른 음식에도 일정 금액을 추가하면 감자튀김이나 너깃, 해시브라운, 음료를 포함한 세트 메뉴로 즐길 수 있다. 테이블에는 QR코드가 있어서 음식 사진과 함께 영문 메뉴를 확인할 수 있어 편리하다. 가성비가 좋아 학생들이 많이 찾는 곳이며, 오늘의 메뉴는 할인을 해준다.

- 台北市大安區辛亥路二段201號
- +886 2 2738 4185 / 허핑 지점
- MRT 테크놀로지빌딩(BR08) 출구 도보 10분
- 월-금 7:00-14:00 / 토-일 8:00-14:30
- 불가

map

web

다안베이스 지점

PX MART   취안롄푸리중신

全聯福利中心
전련복리중심

동네 슈퍼 탐험의 소박한 재미

동네마다 있는 대만의 슈퍼마켓 체인. 편의점보다 저렴하니 숙소 근처에 있다면 들러보기 좋다. 여행 중 옷걸이 같은 소소한 물건이 필요할 때도 여기서 찾아보는 것이 빠르다. 슈퍼답게 식재료, 음료수, 생수 등의 종류가 다양하고, 디저트에도 힘을 쏟는 편이라 시즌 한정으로 계속 출시한다. 선물용으로 좋은 오향파우더나 센쭈지파우더 같은 향신료, 대만 소스류, 천인명차天仁茗茶 고산차 티백 등도 있고, 환경을 생각하는 생분해 비닐봉지도 판매한다. 대형마트 까르푸는 여행객이 기념품으로 찾는 물건을 효율적으로 모아놓았고, 이에 비해 전련복리중심은 평범한 생활용품 등을 구경하며 로컬 분위기를 만끽하기 좋다. 타이베이에만 수십 개의 지점이 있으니 구글 지도에서 'PX MART'를 검색해 가까운 지점을 방문해 보자.

- ⓥ 台北市大安區金山南路二段12號
- ⓒ +886 2 2395 8765 / 동문 지점
- Ⓜ MRT 둥먼역(R07, O06) 3번 출구 도보 4분
- Ⓛ 월-일 7:30-22:30(지점에 따라 운영시간이 다름)
- Ⓟ 불가

map

web

Guangzhou Street
Night Market

광저우제예스

廣州街夜市
광저우제야시장

입이 심심할 틈 없는 대만의 야시장 구경

타이베이 여행 중에 용산사를 들른다면 입이 심심할 때 갈 수 있는 야시장이 몇 군데 있다. 그중 광저우 거리에 있는 광저우제야시장은 관광객보다 현지인이 많이 가는 장소로, 다른 시장보다 덜 붐비는 분위기에서 대만 길거리 음식을 즐길 수 있다. 땅콩아이스크림, 찹쌀소시지, 고구마볼, 아이위젤리를 얹어주는 음료, 철판 요리와 국수 등 맛있어 보이는 주전부리가 가득해서 무엇을 먹어야 할지 고민하게 된다. 광저우제야시장에서 좀 더 들어가면 화시제야시장이 이어진다. 이곳은 규모는 작지만 현지의 뒷골목 같은 로컬 분위기가 물씬 풍기는, 약간은 비주류의 느낌이다. 판매하는 음식은 비슷하지만, 식용 뱀이나 자라 등을 놓고 팔기도 하니 개인에 따라 주의가 필요하다.

- ⓞ 台北市萬華區廣州街
- ⓒ +886 2 2550 5220
- ⓘ MRT 용산사역(BL10) 1번 출구 도보 5분
- ⓛ 월-일 16:00-24:00
- ⓟ 불가

map

web

Taiwan Tempura　　　　　　　　　　　　　　둥강치위촨

東港旗魚串
둥항기어촨

광저우제야시장의 인기 메뉴

줄 서서 먹는 대만 어묵튀김 맛집. 반죽을 즉석에서 바로 튀겨주며 한국인 입맛에도 딱 맞는다. 2개에 30NTD, 10개를 사면 2개를 얹어주고 150NTD이다. 하지만 2개만 사면 분명 후회할지도 모르니 넉넉하게 사는 것이 좋다. 오픈하자마자 줄이 생기는 소문난 맛집이니 근처에 간다면 꼭 먹어보자.

- ⓟ 台北市萬華區廣州街(광저우제야시장 내)
- 🚇 MRT 용산사역(BL10) 1번 출구 도보 5분
- 🕐 월-금 13:00-24:00/ 토-일 16:00-24:00
- Ⓟ 불가

map

Fruit Juice   궈즈

果汁
과일주스

신선한 과일을 시원한 음료로 즐겨보자!

광저우제야시장을 돌아다니다 보면 생과일주스 매대가 곳곳에 보인다. 주로 야시장이 열릴 때 맞춰서 오픈한다. 파파야 생과육에 우유를 넣고 갈아서 만드는 파파야우유木瓜牛奶가 맛있고, 사과우유苹果牛奶도 추천하는 메뉴. 과일을 갈아서 만드는 주스 대신 맑은 음료를 마시고 싶다면 현지인이 즐겨 찾는 동과차를 마셔보자. '윈터 멜론'이라 불리는 동과즙에 레몬즙을 넣어 만든 동과차는 90% 이상이 수분이라 갈증이나 숙취 해소에 탁월하다.

- ⓟ 台北市萬華區廣州街(광저우제야시장 내)
- Ⓜ MRT 용산사역(BL10) 1번 출구 도보 5분
- Ⓛ 월-일 16:00-24:00
- Ⓟ 불가

米其林美食店

여행을 특별하게 만드는 한 끼

미슐랭 & 트렌디 레스토랑

Michelin Restaurant

Goodbeitao   구베이타오

古北饕
구베이타오

새롭지만 어딘가 친숙한 맛

샤오룽바오로 유명한 맛집이다. 메뉴판에 한국어 표기와 사진이 있어 주문이 편리하다. 시그니처 메뉴인 샤오룽바오와 매콤하게 볶은 채식 메뉴인 비풍당새송이죽순을 추천한다. 이 요리에 들어간 그린빈도 일품이지만, '워터뱀부숏'으로 알려진 죽순인 자오바이쑨茭白筍이 특히 맛있다. 사각거리는 식감이 무척 좋아 씹을 때마다 신선함이 느껴진다. 맛 좋은 딤섬류와 함께 산라탕도 곁들여보자. 식초와 후추 맛이 느껴지는 국물이 입안을 깔끔하게 정리해준다. 비건 메뉴에는 초록색 잎, 매운 메뉴에는 붉은 고추 그림이 있고, 견과류 포함 여부도 표시되어 있다. 식사 시간은 90분 제한이며, 서비스료 10%가 부과된다.

- ⓥ 台北市中正區杭州南路一段9號
- ⓒ +886 2 2351 0050
- Ⓜ MRT 산다오사역(BL13) 5번 출구 도보 5분
- ⓛ 월-일 11:00-22:00(14:00-17:00 딤섬, 면류만 주문 가능, 21:00 라스트오더)
- ⓟ 불가

map

web

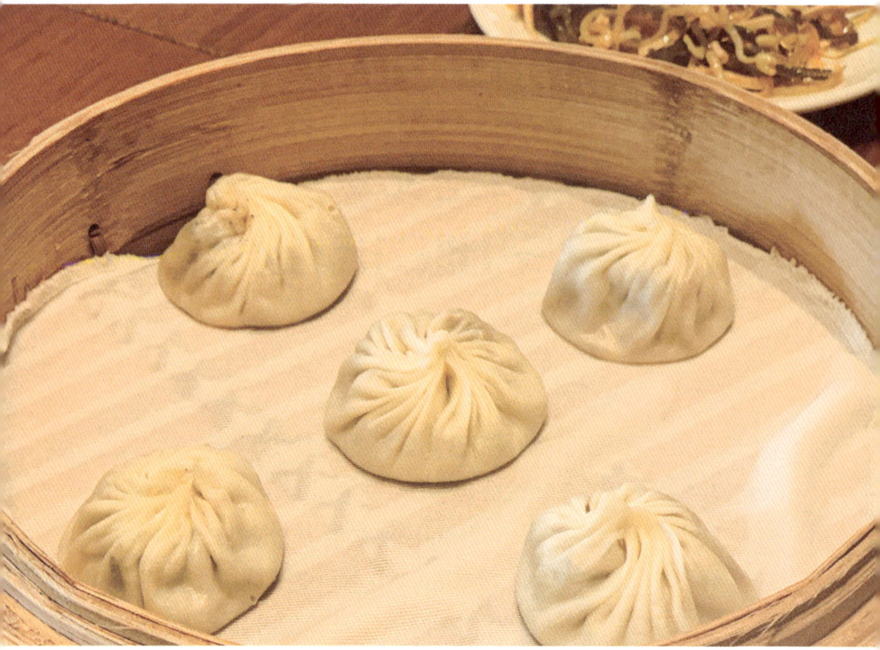

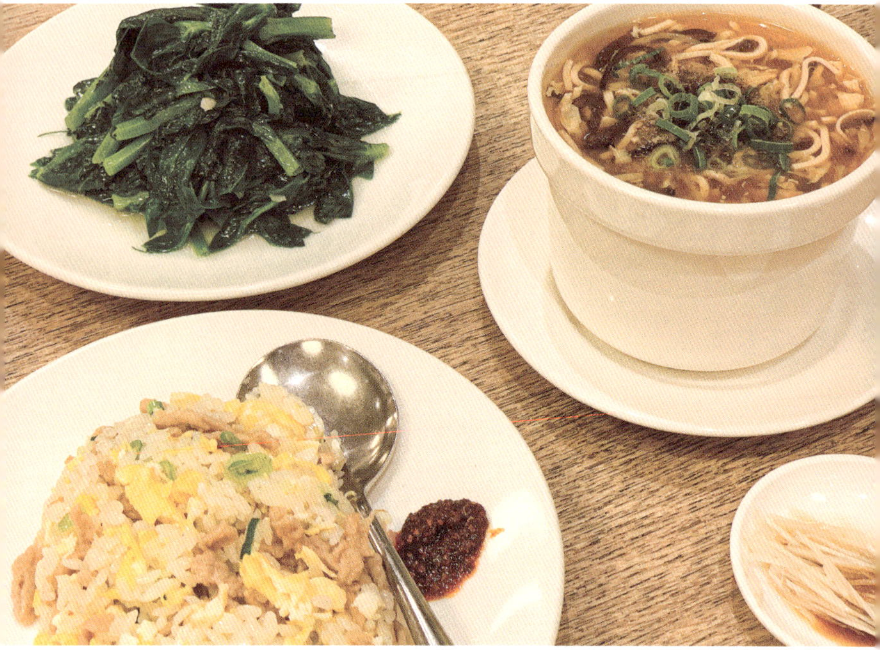

Din Tai Fung   딩타이펑

鼎泰豐
딘타이펑

무엇을 주문하든 보장된 맛

대만의 미슐랭 맛집 딘타이펑은 한국에도 지점이 있다. 하지만 대만에서만 먹을 수 있는 메뉴가 있고 맛도 약간씩 다르다. 샤오룽바오는 취향에 따라 선택하면 실패가 없고, 한국에 없는 나물 요리가 궁금하다면 겨울 한정이지만 콩싹볶음과 산수볶음(대만고사리)을 추천한다. 아삭한 식감과 살짝 쌉싸래한 맛이 밥을 부른다. 이 외에도 갓돼지고기비빔면, 대만식짜장면, 새우돼지고기비빔만두(매운 소스), 고기대나무밥과 단팥대나무밥, 산라탕, 갈비튀김 & 달걀볶음밥, 초콜릿샤오룽바오 등도 맛있다. 특히 생트러플을 테이블에서 갈아 올려주는 요리 등 시즌 메뉴도 있으니 메뉴판을 꼼꼼히 살펴보자. 한국인은 매콤한 오이무침과 함께 먹는 것 또한 '국룰'이다. 항상 대기 줄이 있지만 자리가 빨리 나는 편이고, 한국어를 할 줄 아는 직원이 있어서 편하다.

- ⚲ 台北市中正區信義路二段277號
- ☏ +886 2 2395 2395 / 신성 지점
- Ⓜ MRT 둥먼역(R07, O06) 6번 출구 도보 3분, 다안삼림공원역(R06) 1번 출구 도보 4분
- ⏱ 월-금 11:00-20:30 / 토-일 10:30-20:30
- Ⓟ 불가

map

web

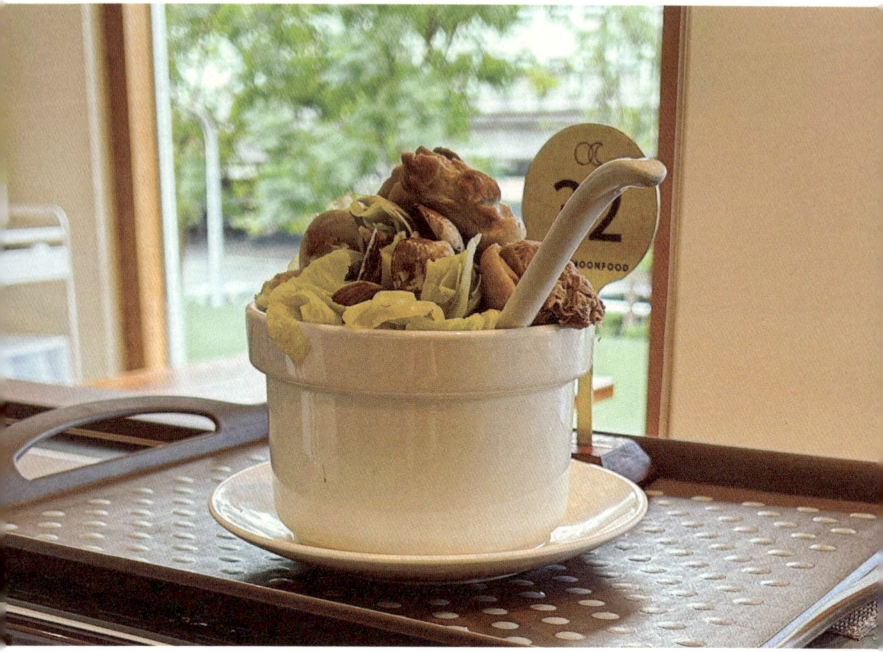
MOONFOOD

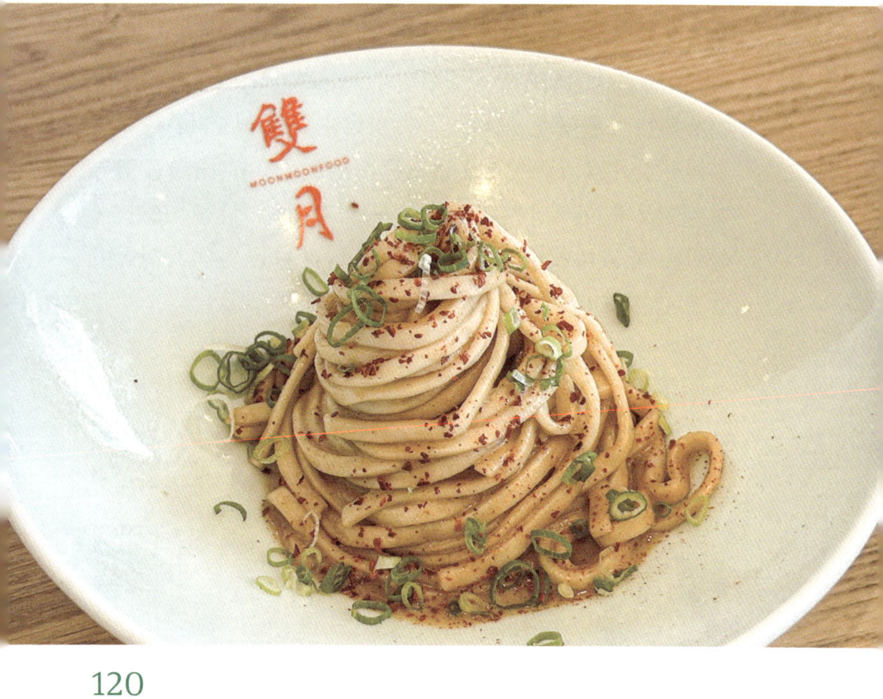
雙
MOONMOONFOOD
月

Moon Moon Food   쌍웨스핀서

雙月食品社
문문푸드

미슐랭 빕구르망이 인정한 대만 레스토랑

대만의 엄마 손맛을 느낄 수 있는 문문푸드는 미슐랭에 연속으로 선정된 레스토랑이다. 현지인부터 관광객까지 줄을 서서 먹는 곳인 만큼 오픈 전부터 대기가 있는 편이다. 먼저 번호표를 뽑고 기다리다가 키오스크로 주문 결제하는데, 키오스크에 음식 사진과 함께 한국어 메뉴가 있어 편리하다. 생강, 술 등 재료를 빼는 옵션도 있고, 선택이 어려울 때는 인기 메뉴 리스트를 참고하면 된다. 메인 식사는 쫄깃한 매콤참깨소스비빔면(마장면)과 조개닭다리탕이 맛있고, 사이드 메뉴로는 돼지고기덮밥인 루러우판을 추천한다. 매장 한편에 양념 코너가 있으니 입맛에 맞게 추가할 수 있다. 회전초밥집처럼 음식이 컨베이어로 전달되는 것도 재미있다.

- 📍 台北市大安區和平東路二段52號
- 📞 +886 2 2737 5598 / 삼림공원 지점
- 🚇 MRT 테크놀로지빌딩역(BR08) 출구 도보 10분
- 🕐 월-일 11:00-20:00
- 🅿 불가

map

web

Plants

플랜츠

비건으로 맛과 포만감을 동시에!

타이베이는 아시아에서 비건 친화적인 도시 1위로 선정될 만큼 채식에 진심이다. 그만큼 맛있고 훌륭한 레스토랑이 많은데, 플랜츠도 그중 한 곳으로 채식이라고 하면 무조건 맛없을 것이라는 우려를 없애기 좋은 식당이다. 주로 유기농 로컬 식재료를 사용해 비건, 글루텐 프리, 플랜트 베이스의 다양한 퓨전 요리를 선보인다. 아사이볼, 후무스, 팔라펠같이 익숙한 비건 메뉴와 머시룸포테이토, 코코넛커리, 템페비빔밥, 주키니누들 알프레도파스타 등 다양한 식재료를 조합한 메인 메뉴가 있다. 또한 열을 가하지 않고 조리한 케이크 등 로푸드 디저트 또한 강력하게 추천하는 메뉴이니, 식사와 디저트를 모두 맛보길! 세계의 다양한 식재료와 유기농 로컬 재료를 조화롭게 사용한 음식은 맛과 멋을 모두 충족한다.

- 台北市大安區復興南路一段253巷10號1樓
- +886 2 2784 5677
- MRT 다안역(R05, BR09) 6번 출구 도보 5분
- 월 휴무 / 화-목 11:30-20:30 / 금-일 11:30-21:30
- 불가

map

web

米食堂

Rice Canteen   간 미스탕

泔 米食堂
감 미식당

대만 가정식은 이곳에서

정성스레 잘 지은 쌀밥과 그에 어울리는 반찬을 맛볼 수 있는 대만식 백반 정식집. 전부 대만 로컬 식재료로 만들며 메뉴는 정식 한 가지로 매일 바뀐다. 일주일 치 메뉴를 SNS에 공지하는데, 밥과 함께 고기나 생선, 두어 가지 반찬과 국, 그리고 디저트로 구성되어 있다. 가격은 살짝 높은 편이지만, 음식 하나하나가 맛있고 든든한 데다 속도 편안해 기분 좋은 한 끼를 먹을 수 있는 식당이다. 음식 맛은 호불호가 크게 갈리지 않는 스타일로 한국인 입맛에도 잘 맞는다. 좁은 골목 안쪽에 있고 간판이 작아서 찾기가 약간 어렵다. 계산은 현금으로만 가능하다.

- 台北市大安區和平東路二段175巷12號
- +886 905 244 754
- MRT 테크놀로지빌딩역(BR08) 출구 도보 8분
- 부정기 휴무(홈페이지 참고) / 11:30-14:00, 17:30-20:00
- 불가

WANG LI'S
ZHA JIANG MIAN

王李氏炸醬麵
왕리씨짜장면

대만과 한국 스타일을 섞은 반반 짜장면

대만식 짜장면은 원래 한국과 약간 다르지만, 이곳의 짜장면은 한국과 비슷한 점이 많다. 면발이 쫄깃쫄깃하고 짜장 양념이 진해서 한입 한입이 맛있다. 기본 짜장면에는 도톰한 삼겹살이 올라가는데, 주문할 때 고기를 빼거나 추가할 수 있다. 오이채, 적양파, 마늘, 트러플소스 등 토핑을 추가하는 옵션 또한 무척 세세해서 취향 대로 조합하기 좋은 반면, 약간 복잡하기도 하다. 짜장면 메뉴로는 마늘짜장면, 쓰촨 스타일 짜장면, 트러플짜장면, 양갈비짜장면 등이 있고, 그 외에 매운맛비빔면, 계절 채소 요리도 있다. 짜장면을 좋아한다면 꼭 한 번 들러 맛을 보길 추천한다.

- 📍 台北市大安區通安街81號
- 📞 +886 2 2732 9627
- 🚇 MRT 신이안허역(R04) 3, 4번 출구 도보 7분
- 🕐 일 휴무 / 월-토 12:00-14:30, 17:30-21:00 (라스트오더 20:30)
- Ⓟ 불가

map

web

128

1624 Noodle Bar   이류얼스 쑤자오몐

一流二事 素椒麵
일류이사

쓰촨 스타일의 매콤함

쓰촨성 청두 음식인 쑤자오몐素椒麵 전문점. 쑤자오몐은 쓰촨의 고추기름과 산초 등으로 만든 매콤한 양념을 면 위에 얹어 먹는 비빔면이다. 면은 보통 면과 가는 면 중에 선택할 수 있고, 메뉴가 열 가지가 넘어 입맛대로 고를 수 있다. 시그니처 메뉴는 돼지고기볶음과 삶은 달걀을 곁들인 비빔면(川味經典素椒麵 Chengdu Classic Spicy Noodles with Minced Pork). 사이드 메뉴는 쓰촨 스타일 비빔만두, 돼지갈비튀김, 닭날개튀김 등이 있다. 세트 메뉴를 선택하면 작은 반찬과 국, 음료가 함께 제공된다. 채식 메뉴는 없고 모든 메뉴에 깨, 땅콩 혹은 기타 견과류가 들어가니 특정 알레르기가 있다면 주의할 것. 1인당 100NTD 이상 주문해야 하고, 식사 시간은 70분이다.

- 📍 台北市中山區民生西路66巷17號
- 📞 +886 2 2523 3359 / 중산 지점
- 🚇 MRT 쌍롄역(R12) 1번 출구 도보 3분
- 🕐 월-일 11:30-20:30
- Ⓟ 불가

map

web

Uncle Q by Veganday　　　　　　　　　　황이수스찬팅

創意蔬食餐廳
엉클큐

소박하지만 세심한 채식 창작 요리

우드 톤의 따뜻한 공간에서 누구나 맛있게 먹을 수 있는 채식 창작 요리를 선보이는 식당이다. 채식 뵈프부르기뇽, 포르치니리소토, 병아리콩패티 아보카도버거, 비건 키슈, 스모키파프리카 후무스샐러드, 김치아보카도 지라시즈시, 트러플감자튀김 같은 식사 메뉴부터 시나몬롤, 티라미수, 몽블랑 같은 디저트까지 구미가 당기는 비건 메뉴로 가득하다. 메뉴에 따라 마늘이나 양파를 넣는지 물어보기도 하고, 오일 프리나 너트 프리로 주문할 수 있다는 점도 사려 깊게 느껴진다. 무알코올 와인, 목테일(무알코올 칵테일), 커피, 차 등의 음료 또한 다양해서 함께 즐기기 좋다.

- 台北市大安區潮州街105號1樓
- +886 2 2356 8095
- MRT 둥먼역(R07, O06) 5번 출구 도보 10분
- 월-화 휴무 / 수-금 11:30-14:30, 17:30-21:00 / 토-일 11:00-15:30, 17:30-21:00
- 불가

map

web

Ooh Cha Cha 우차차 쯔란스

自然食
우차차

활기찬 에너지를 먹고 마시자

비건, 플랜트 베이스 음식점. 다양한 메뉴 중 모차렐라치즈버거나 스모키치즈버거, 케일페스토샌드위치 등이 인기가 좋다. 현미나 퀴노아에 두부나 콩, 템페와 여러 가지 채소를 담은 덮밥 같은 볼 메뉴도 있다. 음료는 생카카오나 생과일, 코코넛밀크 등으로 만드는 다양한 스무디와 커피, 대만차, 차이라테 등을 판매한다. 메인 메뉴에 음료를 추가해 세트로 주문하면 약간 저렴하게 즐길 수 있다. 웨지감자나 템페, 레몬그라스두부, 치폴레버섯 등을 메뉴에 추가하는 옵션도 있다. 평소에 잘 접할 수 없는 식재료를 맛있게 먹을 수 있어서 더 좋은 곳이다.

- 台北市中正區南昌路二段207號
- +886 2 2367 7133
- MRT 구팅역(G09, O05) 2번 출구 도보 4분
- 월-일 10:00-21:00
- 불가

map

web

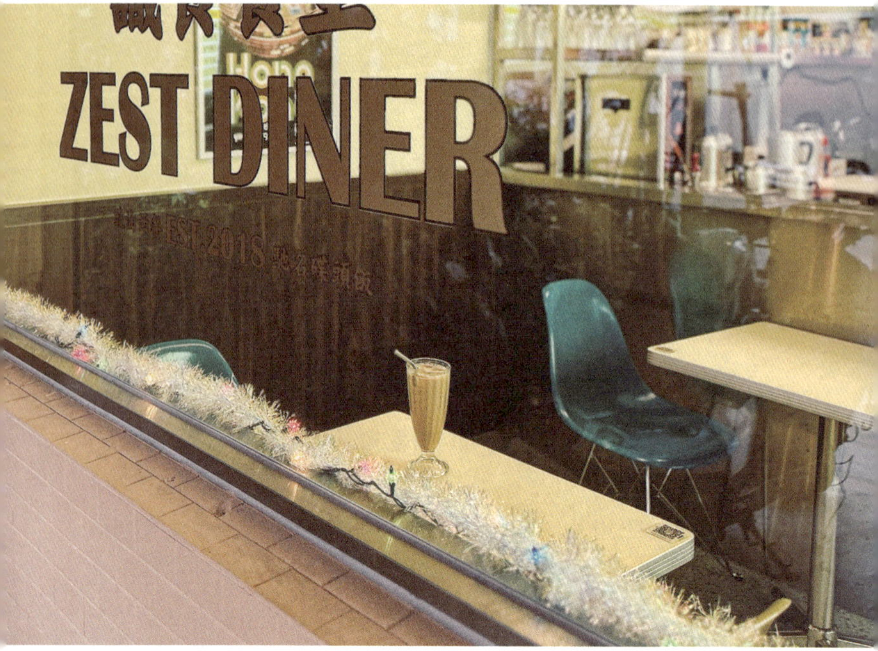
ZEST DINER
EST.2018

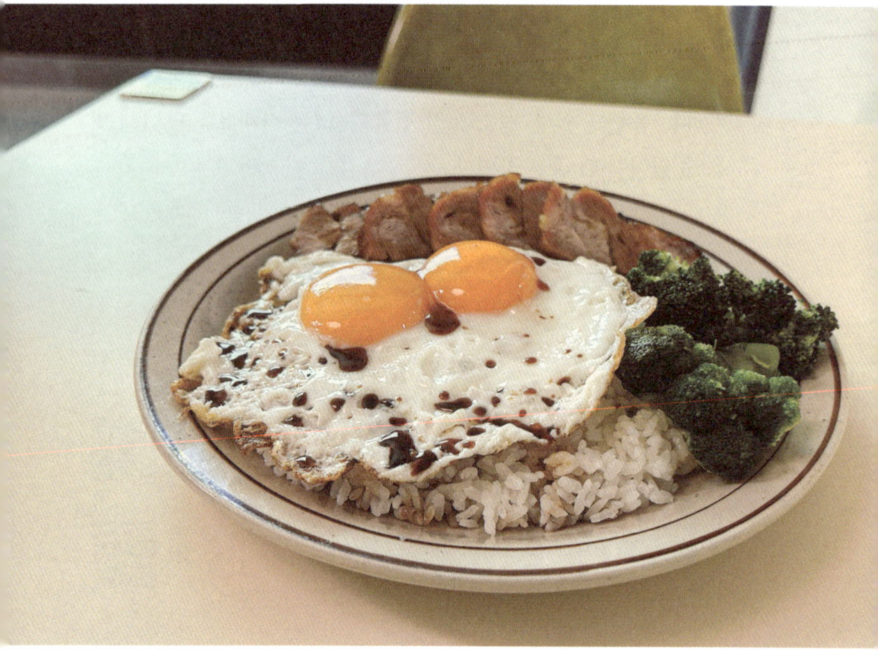

ZEST DINER   스스찬스

識食餐室
제스트다이너

타이베이에서 홍콩을 생각하며 해피투게더

들어서는 순간, 홍콩에 온 것만 같은 키치한 인테리어가 인상적인 이곳은 홍콩 사람이 운영하는 차찬팅茶餐廳(홍콩식 패스트푸드 & 티 레스토랑으로 홍콩에선 '차찬텡'이라고 한다)이다. 콘셉트에 충실하게 메뉴 또한 차찬팅의 일상식을 소개한다. 샌드위치, 한 그릇 밥과 면, 밀크 티 같은 음료 등이 있는데, 추천하는 메뉴는 시그니처 차슈달걀프라이덮밥招牌叉燒雙蛋과 아이스원앙차凍香濃鴛鴦. 밥을 스파게티로 바꾸거나, 달걀프라이를 반숙과 완숙 중에 선택할 수 있다. 대만 속 레트로한 작은 홍콩에서 식사를 즐길 수 있는 재미난 가게다. 운영시간이나 휴일은 시즌에 따라 바뀌기도 하니 홈페이지를 참고한 후에 방문하자.

- ⊙ 台北市大安區信義路四段30巷54號
- ☏ +886 2 2784 4016
- 🚇 MRT 다안역(R05, BR09) 5번 출구 도보 4분
- ⓛ 일 휴무 / 월-토 11:30-14:30, 16:00-20:00
- ⓟ 불가

map

web

홍콩식 차슈덮밥 & 아이스원앙차

咖啡和茶

도시의 정취를
즐기는 한잔
커피 & 티 카페

Coffee and Tea

Liquide Ambré 琥泊
리키드앙브르 후포

대만차 세리머니를 직관해

예약제 대만 찻집 리키드앙브르 후포에 가면 6인석 다실 공간에서 다예사가 우려주는 차를 맛볼 수 있다. 고산차, 백차, 동방미인 등 대만 각 지역의 다양한 차 가운데 하나를 선택해 천천히 음미해보자. 살짝 조도가 낮은 조명, 대만 도자 작가의 우아한 다기에 꽃을 곁들인 세팅이 공간의 분위기와 아름답게 어우러진다. 최대 90분까지 머물 수 있고, 요청하면 다예사가 보통 세 번까지 차를 우려준다. 디저트 또한 시즌에 따라 특색 있는 메뉴를 선보이며, 원하는 것을 골라 맛볼 수 있다. 다기와 찻잎도 구입할 수도 있으니 차를 마시며 둘러봐도 좋다. 하루에 2회 운영하고 인스타그램 링크로 예약할 수 있다. 단, 노쇼 수수료가 400-600NTD이니 못 갈 경우가 생기면 반드시 예약을 취소하자.

- ⓟ 台北市大安區樂利路72巷15號2F
- ⓒ +886 2 2736 7287
- ⓜ MRT 류장리역(BR07) 출구 도보 7분
- ⓛ 월 휴무 / 화-일 12:00-19:00
- ⓟ 불가

map

web

Ren Lai Feng　　　　　　　　　　　　런라이펑

人來風 茶道具
인래풍

골동품과 다구와 차와 잡동사니

대만 다구와 빈티지 소품, 골동 도자(한국, 일본, 중국 등)가 가득한 흥미진진한 공간이다. 영어를 잘하는 주인과 얘기하다 보면 관심이 갈 만한 물건을 꺼내어 보여주기도 한다. 차를 즐기는 사람에게 추천하는 제품은 둘레가 넓고 두께가 얇은 인래풍 오리지널 개완. 주인이 직접 디자인한 것으로, 손으로 잡았을 때 개완 입구가 뜨겁지 않은 형태라서 초보자에게도 좋다. 다구뿐만 아니라 자갈같이 생긴 묘한 무늬의 아프리카 마노 보석 등 온갖 물건을 갖추고 있어 소품을 좋아하는 사람에게는 보물창고와도 같은 곳이다. 대만 핑린 지역의 질 좋은 포종차(꽃향기가 나는 산뜻한 우롱차)도 굉장히 맛있어서 차를 좋아한다면 지나칠 수 없다.

- 台北市大安區永康街23巷9-1號
- +886 933 163 523
- MRT 둥먼역(R07, O06) 5번 출구 도보 5분
- 월-일 14:00-21:00
- 핑린 포종차 1,000NTD부터 시작,
인래풍 오리지널 개완 3000NTD
- 불가

map

루포스커피

스페셜티 커피와 맛있는 디저트에 분위기를 곁들인

온라인 플랫폼에서 '2025년 세계 최고의 커피숍 100곳' 중 하나로 선정된 핸드드립 커피 전문점. 다양한 원두로 핸드드립 커피를 즐길 수 있고, 에스프레소 베이스, 콜드브루, 알코올 커피 등 기타 메뉴 선택지도 많다. 메뉴판에 원두 배전 정도가 색깔로 표시되어 고르기 편하다. 에스프레소와 다른 음료를 함께 내주는 두 잔 세트 메뉴가 있는데, 에스프레소와 아이스 에스프레소 조합도 무척 흥미롭다. 차, 주스, 디저트, 샌드위치나 빵류도 있고, 특히 아이스크림을 곁들인 캐러멜시나몬 애플파이가 맛있다. 이 메뉴를 먹기 위해 갔다가 커피도 맛있어서 다시 찾았던 카페이기도 하다. 분위기는 오래된 바처럼 아늑하다. 현지인과 관광객 모두에게 인기가 많은 곳이라 오픈하자마자 금세 만석이니 감안하고 방문해야 한다.

- 台北市大安區復興南路二段339號
- +886 2 2736 6880
- MRT 테크놀로지빌딩역(BR08) 출구 도보 7분
- 목 휴무 / 금-수 12:00-20:00
- 불가

map

web

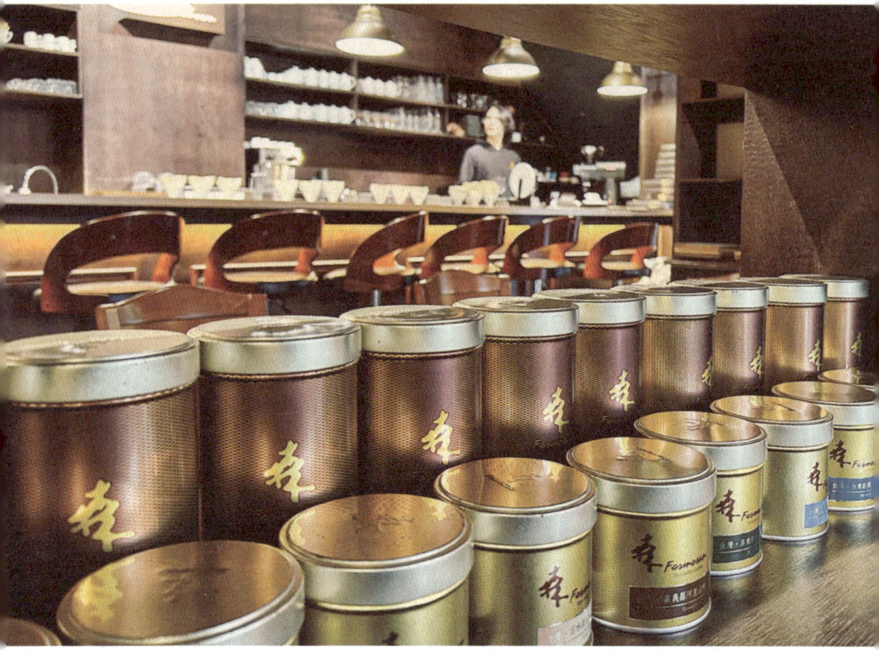

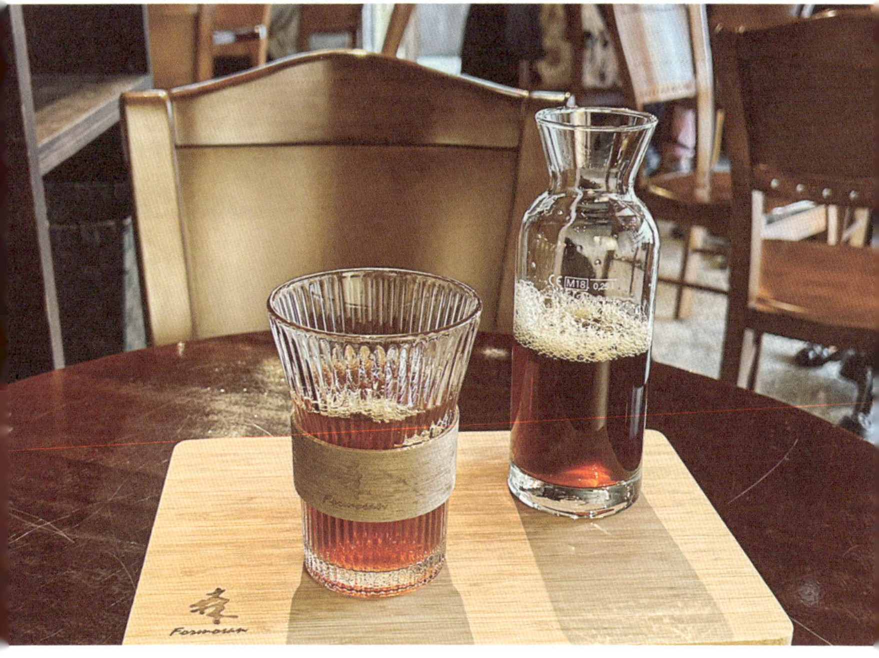

SanFormosan Coffee　　　　　　　　썬가오사카페이관

森高砂咖啡館
삼고사가배관

대만산 원두의 향이 궁금하다면

디화제 입구 쪽 분위기 있는 고건물에 자리 잡은 대만 스페셜티 카페로 대만 각지의 원두를 솜씨 좋은 핸드드립으로 소개한다. 대부분 대만 전역에서 재배되는 원두로 메뉴판을 통해 원산지마다 다양한 테이스팅 노트 및 다양한 정보를 얻을 수 있다. 영어 메뉴판도 준비되어 아로마 표기를 보고 취향에 따라 원두를 선택하기 좋다. 견과류 향이 풍부한 윈린산 핸드드립 커피는 무척 만족스러웠다. 선물하기 좋은 여러 가지 원두와 드립백 등도 판매한다. 서비스료 10%가 부과된다.

- ⓟ 台北市大同區延平北路二段1號
- ⓒ +886 2 2555 8680 / 다다오청 본점
- Ⓜ MRT 베이먼역(G13) 2번 출구 도보 10분
- ⓛ 월-일 12:00-20:00
- ⓟ 불가

map

web

Hermit's Hut 쌴징주황

三徑就荒
삼경취황

대만차의 아로마를 느껴보자

'은둔자의 오두막'이라는 이름을 가진 대만차 전문점. 차의 질이 좋고 종류가 많아 차에 관심이 있다면 들러보기 좋다. 고재 가구와 동양적인 소품으로 이루어진 차분한 공간에서 대만 작가들의 다구 전시도 자주 열리고 물건 구입도 가능하다. 차를 주문하면 차에 대한 아로마, 차 우리는 방법 등이 세심하게 기재된 설명서를 같이 준다. 첫 번째는 직원이 우려주기도 하는데, 설명서를 보고 직접 우리며 표기된 아로마와 느껴지는 차향을 비교해보는 것도 좋다. 작은 숯불 화로에 찻잎을 데워주는 것도 이 가게만의 장점. 나쁜 냄새를 없애고 더 깊은 차향을 즐기기 위한 과정이라고 한다. 신발을 벗고 앉는 좌식 테이블과 의자가 마련된 테이블석이 있고, 딤섬과 디저트 등 차와 함께 맛보기 좋은 메뉴도 있다. 1인당 350NTD 이상 주문해야 하고, 서비스료 10%가 부가된다. 예약은 필수다.

- 📍 台北市信義區忠孝東路四段553巷46弄15號1樓
- 📞 +886 2 2746 6929
- 🚇 MRT 타이베이시청역(BL18) 1번 출구 도보 8분
- 🕐 월-금 12:00-20:00 / 토-일 11:00-20:00
- 🅿 불가

Letterpress Tea House　　　　　　　　　　　우스성훠

無事生活 活版印刷小茶館
무사생활

아늑하고 느리게 가는 찻집

밭에서 재배한 차가 아닌 자연에서 자라는 찻잎으로 만든 유기농 생태차 전문점이다. 인공적으로 향을 입힌 가향加香 찻잎이 아닌데도 천연 복숭아 향이 나는 우롱차韶音蜜桃香烏龍를 추천한다. 그 외에도 주인에게 추천받거나 궁금한 차를 주문해도 다 맛있다. 아늑한 분위기의 실내에서 향기로운 차를 맛보며 찻잎과 다구를 구입할 수 있다. 가게 안에는 주인의 부친이 인쇄소를 운영할 때 쓴 오래된 인쇄기계가 있는데, 종종 이것으로 찍은 종이코스터를 나눠주기도 한다. 지하 공간에서 재미있는 전시도 자주 열리니 일정을 살펴 꼭 전시도 구경해보자. 무사생활 찻집과 전시 모두 인스타그램 링크에서 예약해야 한다.

- 台北市信義區吳興街461號
- +886 2 2720 5070
- MRT 샹산역(R02) 2번 출구 도보 18분
- 월-수 휴무 / 목-일 14:30-19:00
- 불가

map

web

tea room SERENDIP

티룸세렌딥

새로운 홍차의 맛, 히말라야의 향

스리랑카와 네팔 홍차를 다루는 이곳에는 실론이라 불렸던 스리랑카 여러 산지의 다원차와 밀크티, 가향차가 있다. 특히 네팔에서 가장 유명한 다원인 준 치야바리 Jun Chiyabari의 홍차를 맛볼 수 있어 홍차를 좋아한다면 반드시 들러야 할 찻집이다. 추천하는 차는 준 치야바리 다원에서 겨울에 수확한 골든 히말라야 로열 팁스 Golden Himalaya Royale Handcrafted Tips. 산뜻하면서도 깊이가 있는 겨울 차의 새로운 향을 느낄 수 있다. 가게에서 직접 만드는 디저트도 맛있어 곁들이기 좋다. 입구의 커다란 티포트 조형물이 눈길을 끌어 사진을 찍고 싶어진다.

- 台北市大安區瑞安街137號1樓
- +886 2 2325 7558
- MRT 테크놀로지빌딩역(BR08) 출구 도보 7분
- 월-화 휴무 / 수-일 11:00-18:00
- 불가

map

web

Liu Yu Tea House　　　　　　　　　　　　류위차서

柳隅茶舍
류우차사

올드 & 뉴 대만차의 풍부한 향

용산사역 지하상가에 위치한 대만차 전문점. 산뜻한 청향이나 과일 향, 꿀 향이 나는 진한 농향의 일반적 우롱차를 비롯해 주인이 아이디어를 내어 새로운 방식으로 제다(찻잎을 비비거나 덖거나 건조하는 과정을 거쳐 차를 만드는 것)한 다른 차도 시도해볼 만하다. 기본적으로 찻잎의 질이 좋기 때문에 삼림계, 리산 지역 같은 대만 고산우롱차와 대만의 대표적인 차인 동방미인 등의 찻잎을 맛보거나 구입하면 후회하지 않는다. 가격도 합리적이라 대만차를 좋아한다면 두말할 것 없이 권하는 찻집이다. 다과용으로 판매하는 건과일 또한 깔끔하고 맛있는데, 한국에 없는 감귤류인 류딩柳丁을 추천한다. 가는 길에 용산사역 지하상가의 불교용품점이나 잡화점도 구경해보자.

- 台北市萬華區西園路一段145號地下1樓10號
- +886 2 2308 9743
- MRT 용산사역(BL10) 지하상가 내
- 월-일 11:00-20:00
- 용산사역 지하주차장 / 유료

map

web

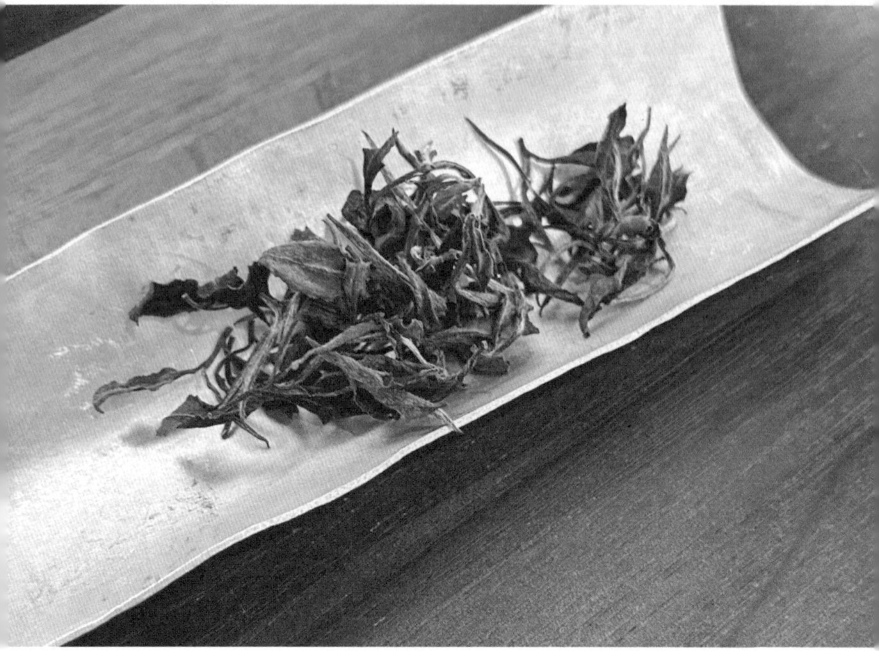

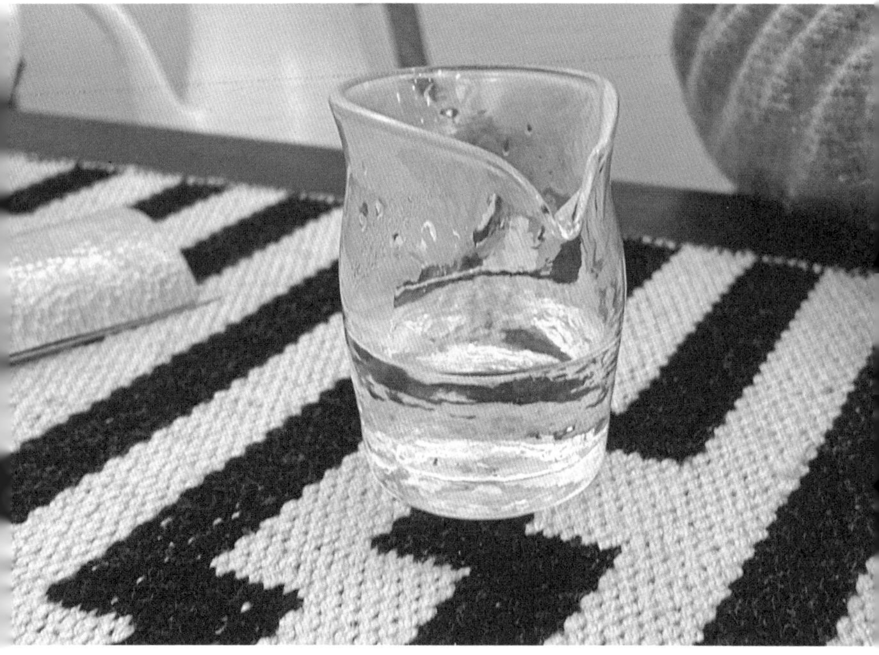

FUSENSEN 푸성성차관

富生生茶館
복생생

청차가 맛있는 집

대만의 유명한 고산차 산지인 리산 및 다양한 지역의 대만차를 판매한다. 주인이 리산에 차밭을 가지고 있어 그곳에서 만든 리산차를 중심으로 판매한다. 청향 우롱차와 동방미인이 특히 맛있다. 복생생의 리산차는 청량한 꽃향기가 특징이며 데일리 티로 즐기기 좋은 합리적 가격대가 장점이다. 지인이 추천한 동방미인은 동방미인만 전문으로 다루는 찻집에 버금갈 만큼 훌륭하며, 무엇보다도 맛이 무척 좋다. 그 외 백차와 홍우롱도 추천한다. 주인이 친절하고 매장 분위기가 편안해 부담 없이 차를 고를 수 있다. 다구도 판매하며, 예약하면 유료 시음이 가능하다. 대만차에 관심이 있거나 대만차의 전반적인 느낌을 알고 싶다면 이곳의 차로 시작하는 것도 좋을 듯하다.

- 台北市大安區麗水街18-2號
- +886 2 2321 5758
- MRT 둥먼역(R07, O06) 5번 출구 도보 6분
- 목 13:00-20:00 / 금-수 12:30-20:30
- 불가

NUTTEA Nut Mylk Tea　　　　　　　　　　젠궈나이차

堅果奶茶
너티

너트크림과 너트밀크의 풍부한 맛

너트크림과 너트밀크로 만드는 테이크아웃 티 전문점. 너트 베이스는 마카다미아, 헤이즐넛, 호두, 아몬드, 캐슈너트 총 다섯 가지 견과류를 사용한다. 우유나 생크림 등을 전혀 넣지 않았는데도 크림이 부드럽고 견과류 맛이 진해서 대만차와 완벽하게 어우러진다. 흑미와 타로밀크티, 얼그레이와 초콜릿너트크림티 등 독특한 메뉴가 많다. 대만차에 너트크림을 올린 메뉴, 너트밀크가 메인인 메뉴 외에도 과일차나 일반 차에 너트크림을 얹은 메뉴도 있으니 취향대로 골라보자. 방부제나 첨가물이 들어있지 않고, 밀크티도 비건으로 즐길 수 있다. 단, 커피 메뉴는 없다. 피스타치오크림티開心果堅果奶蓋茶, 흑임자크림티超濃黑芝麻奶蓋茶를 추천한다.

- 台北市大安區復興南路二段11-1號
- +886 2 2700 3168
- MRT 다안역(R05, BR09) 5번 출구 도보 2분
- 월-금 10:30-19:00 / 토-일 11:00-19:00
- 불가

map

web

CURISTA COFFEE   쿠이스카페이

奎士咖啡
커리스타커피

핫 플레이스 같지만 의외로 본격적인 커피

천장의 웅장한 장식, 매장 한편의 금속 조형물, 비정형의 거대한 커피 바가 돋보이는 초현실적인 화이트 인테리어의 카페다. 개방적이면서도 도시적인 공간에 사람들이 북적거려서 자칫하면 기대 없이 지나치기 쉽지만, 의외로 커피가 훌륭하다. 커피를 좋아하는 지인이 핸드드립 메뉴를 마셔보고는 곧바로 원두를 샀을 정도로 커피의 수준이 높다. 스페셜티 등 원두 종류가 많고, 핸드드립 외에도 차, 스무디, 디저트 등 메뉴가 다양하다. 맛있기로 소문난 에그타르트는 직원이 추천하는 메뉴인데, 역시 기대를 저버리지 않는 맛이다. 이용시간은 90분이고, 주문 후 진동벨로 알려준다.

- ⓞ 台北市信義區忠孝東路四段563號1樓
- ⓒ +886 2 2769 1668 / 시청 지점
- ⓜ MRT 타이베이시청역(BL18) 1번 출구 도보 3분
- ⓛ 월-일 8:00-20:30
- ⓟ 불가

map

web

Wistaria Tea House

紫藤廬
자등려

문화재로 지정된 호젓한 고택에서 우아한 티타임

정원에 등나무가 있는 고즈넉한 일본식 주택에서 우아하게 대만차를 마셔보자. 등꽃이 피는 계절은 짧지만 차향은 유구하다. 1920년대에 일본 관사였던 건물을 개조한 이곳은 1970년대부터 사회운동가와 예술인이 모이던 명소다. 1997년에는 고적지로 지정되었고, 이안(리안) 감독의 영화 「음식남녀」의 촬영지이기도 하다. 차를 마시는 공간과 전시 공간이 있고, 오래된 찻집답게 차 종류도 많다. 대만 민주화운동 중 '메이리다오 사건'과 관련된 모임을 자주 했던 역사적인 장소이기도 하니 대만대 근처에 간다면 들르기 좋다. 다만 고적을 수리하기 위해 2024년 12월 16일부터 수년간 임시 휴업 중이다. 기억해두었다가 몇 년 후 대만을 다시 여행한다면 꼭 들러보길 바란다.

- ⦿ 台北市大安區新生南路三段16巷1號
- ☎ +886 2 2363 7375
- Ⓜ MRT 대만전력공사빌딩역(G08) 2번 출구 도보 11분
- 🕒 내부 수리로 인해 임시휴업 중
- Ⓟ 불가

map

web

Metro Taipei × Louisa Coffee 루이사카페이

北捷 × 路易莎咖啡
메트로타이베이 × 루이사커피

공원에서 즐기는 커피타임

루이사커피는 거리에서 자주 보이는 저렴한 프랜차이즈 카페이지만, 다안삼림공원 지점에는 스페셜티 핸드드립 등 더 많은 메뉴를 갖추고 있다. 지하철역과 인접해 있어 공원 근처를 방문한다면 들를 만하다. 실내 좌석은 협소하나 야외 좌석은 넉넉한 편이라 너무 더운 날만 아니라면 테라스에서 공원의 경치를 즐기기 제격이다. 특히 에스프레소 로마노(레몬커피)가 맛있고, 커피 외에도 대만차, 밀크티, 녹차, 홍차, 과일차, 프라페 등의 음료 메뉴도 풍부하다. 샌드위치, 파니니, 프렌치토스트, 베이글 등 가벼운 식사 메뉴, 케이크와 브라우니 등 디저트 메뉴도 다양하며 맛도 좋다. 아침에 공원을 산책하다가 조식을 먹기에도 좋은 장소다.

- 台北市大安區信義路三段100號B1 (다안삼림공원 내)
- +886 2 2701 5800
- MRT 다안삼림공원역(R06) 역사 내 2번 출구 방향
- 월-일 7:00-21:00
- 지하주차장 / 유료

map

web

SOMA特調飲品
소마

티목테일 명가

10년 이상 인기가 사그라지지 않는 테이크아웃 차 음료 가게. 오리지널 밀크티SOMA原味茶歐雷는 꾸준히 사랑받는 메뉴이며, 차와 탄산수에 과일이나 허브를 조합한 목테일 시리즈도 흥미롭다. 주문할 때는 매장 안에서 줄을 서야 하고, 현지인도 많아서 매우 붐비는 데도 오래 기다리지는 않는다. 중국어 메뉴판만 있지만 직원에게 영어로 메뉴를 추천받을 수 있다. 매장 앞에는 밀크티 티백과 대표 음료를 살 수 있는 자판기가 있어 시간이 없을 때 편리하다. 추천 메뉴는 목테일 중에 에스프레소 투샷, 탄산수, 대만 레몬을 조합한 한여름시칠리아盛夏西西里. 이름 그대로 한여름이 생각나는 상쾌한 음료다. 밀크티 메뉴는 설탕의 농도와 얼음 양을 선택할 수 있다.

- 台北市中山區中山北路二段20巷23號
- +886 2 2563 8286 / 중산 지점
- MRT 지하철 중산역(G14, R11) 4번 출구 도보 3분
- 월-목 11:00-21:00 / 금 11:00-21:45 / 토-일 13:00-16:45, 18:00-21:45
- 밀크티 65NTD부터 시작
- 불가

THE FOLKS

더폭스

아침에 에스프레소 한잔

조용한 주택가에 숨어 있는 인기 카페. 일찍 열고 일찍 닫는데도 언제나 손님으로 문전성시를 이룬다. 따뜻한 커피와 아이스 커피가 모두 맛있다. 특히 우연히 주문한 초콜릿콘판나는 눈이 휘둥그레질 만큼 맛이 좋아서 카페가 인기 있는 이유를 실감할 수 있었다. 여유롭게 머물기보다는 맛있게 한 잔 마시고 일어나는 분위기가 오히려 멋스러운 곳이다. 이곳에 들렀다면 근처의 청궁시장成功市場을 구경하는 코스를 추천한다.

- ⊙ 台北市大安區四維路208巷3-1號
- ⓜ MRT 테크놀로지빌딩역(BR08) 출구 도보 8분
- ⓛ 목 휴무 / 금-일 8:00-14:00 / 월-수 8:00-14:30
- ⓟ 불가

커피 187

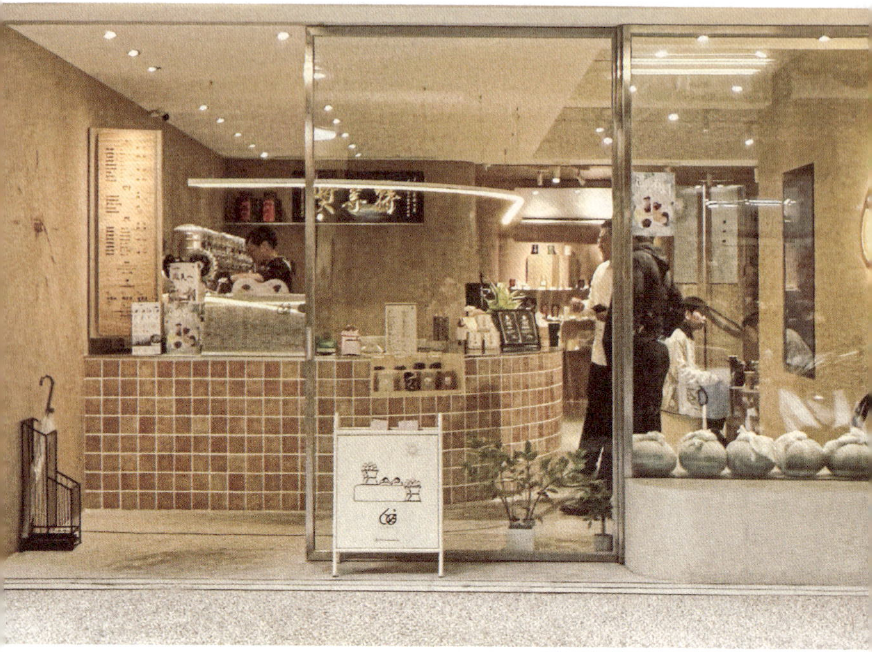

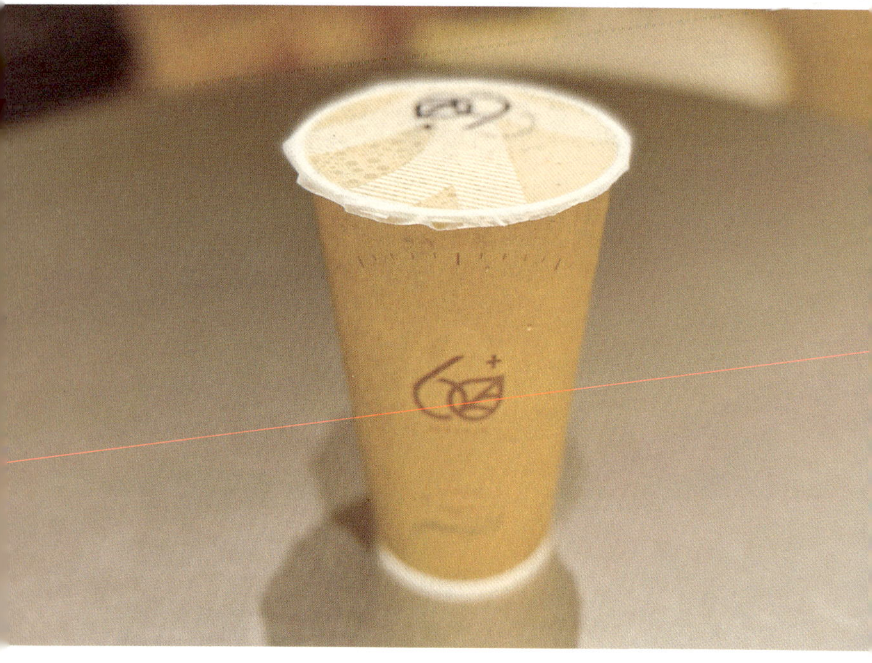

60+ Tea Shop

60+티숍

직접 재배한 대만차와 신선한 과일의 만남

과일차가 맛있어서 인기가 많은 차 가게. 청차에 오디를 넣은 선샤 칭椹夏青을 추천받았는데 상큼한 과즙에 푸릇한 청차 조합이 훌륭했다. 10NTD를 추가하면 차로 만든 젤리나 펄을 음료에 추가할 수 있다. 메뉴에 자세한 한국어 설명이 있어 고르기 편하고, 홍우롱차, 포종차 등 과즙을 넣지 않은 오리지널 티도 맛이 좋다. 매장 안에 앉아서 마실 공간이 있긴 하지만, 이곳이 위치한 쯔펑제는 독특하고 멋진 가게가 많이 모여 있으니 산책할 겸 거리를 둘러보며 마셔보자.

- ⊙ 台北市大同區赤峰街33巷9號1樓
- ⓒ +886 2 2550 3030
- Ⓜ MRT 지하철 중산역(G14, R11) 4번 출구 도보 5분
- ⓒ 월-목 11:00-20:00 / 금 11:00-21:00 / 토 11:30-21:00 / 일 11:30-20:30
- Ⓟ 불가

map

web

8酵茶
큐어8

건강한 콤부차에 과일차를 믹스매치

오리지널 콤부차와 콤부차에 과일차를 섞은 메뉴가 인기 있는 콤부차 전문점이다. 콤부차에 패션프루트, 리치, 복숭아, 파인애플, 용과주스를 넣은 다양한 메뉴가 있고, 차와 커피도 판매한다. 추천 메뉴는 사과, 레몬, 패션프루트 등을 넣은 프루트티KURE8 Fruit Tea(8酵水果茶), 레몬 향과 커피가 조화로운 레몬커피Sicily Koffe(凍寧西西里). 그 외에도 용과나 파인애플, 매실, 패션프루트와 조합한 콤부차도 있는데, 콤부차 특유의 발효 향이 없어 콤부차인지 모를 정도로 신선하고 맛있다.

- 台北市大安區復興南路二段9號
- +886 2 2325 0738 / 다안 지점
- MRT 다안역(R05, BR09) 5번 출구 도보 1분
- 월-일 10:00-21:00
- 불가

map

web

CAMA COFFEE ROASTERS 더우류원칭

豆留文青
카마커피

고풍스러운 건물에서 즐기는 커피

일제강점기에 담배 공장의 보일러실이었던 곳을 개조한 카마커피는 높은 굴뚝이 특징적인 대형 카페다. 2층을 터서 높은 층고가 생긴 덕분에 널찍하고 개방감이 느껴지는 공간이 인상적이다. 곳곳에는 옛 공장의 흔적이 남아 있어 분위기가 독특하다. 프랜차이즈인 카마커피는 지점 대부분이 테이크아웃 전문점이지만, 이곳은 공간이 넓어서 좌석이 마련되어 있다. 커피뿐만 아니라 대만차, 와인이나 위스키 같은 술, 디저트, 빵, 브런치, 파스타 등의 식사까지 메뉴가 다양하다. 특히 로스터리 카페인 만큼 대만과 여러 국가의 원두를 직접 로스팅해 사용하는데, 핸드드립 메뉴는 원두를 선택할 수 있다. 커피를 부으면 밀크폼이 굴뚝처럼 솟아오르는 굴뚝라테(煙囪拿鐵 Sesame Milk Foam Latte)가 유명하다. 주문은 QR코드를 이용하고, 1인당 150NTD 이상 주문해야 하며 서비스료가 부과된다.

- 台北市信義區光復南路133號松山文創園區 A10
- +886 2 2765 1008
- MRT 국부기념관(BL17) 5번 출구 도보 7분
- 월-금 11:30-21:00 / 토-일 10:00-20:00
- 가능

map
web

可不可熟成紅茶
커부커

얼음 가득 시원한 홍차

대만 전 지역에서 만날 수 있는 숙성 홍차 테이크아웃 전문점. 산뜻하고 가벼운 차 맛이 특징이다. 밀크티와 버블티도 유명한데, 입소문이 난 만큼 진하고 맛있다. 홍차에 과즙이나 커피를 섞은 메뉴도 있고, 그중 시그니처 숙성홍차熟成紅茶와 누와라엘리야홍차麗春紅茶를 추천한다. 대만은 대부분 카페에서 얼음 양을 선택할 수 있는데, 이곳은 아이스 메뉴를 시키면 기본 얼음 양이 많아 오랫동안 시원하게 먹을 수 있다. 커부커 홍차는 아이스로 마시는 편이 훨씬 맛있다는 것을 명심하자.

- ⓟ 台北市大安區和平東路二段307號
- ⓒ +886 2 2709 8989 / 테크놀로지빌딩 지점
- ⓜ MRT 테크놀로지빌딩역(BR08) 출구 도보 5분
- ⓛ 월-일 10:00-20:00
- ⓟ 불가

map

web

CAFE ACME

카페애크미

미술관 옆 카페에서 광합성하며 리프레시

타이베이시립미술관 부지 안에 있는 카페로 전시 관람 중에 잠시 휴식을 취하기 좋다. 커피와 디저트를 비롯해 샌드위치, 파스타 등 식사 메뉴도 있어 브런치를 즐길 수 있다. 음료 중에는 동백꽃 향이 향기로운 카멜리아라테山茶花拿鐵를 추천한다. 베이커리 메뉴에도 진지한 곳이라 빵 종류가 풍부하다. 특히 철관음바스크치즈케이크鐵觀音濃茶巴斯克가 특이하고 맛있다. 맑은 날에 방문하면 커다란 유리창으로 들어오는 햇빛과 시야를 가득 채우는 푸른 하늘을 만날 수 있다. 바쁜 여행길에 이곳에 들러 쾌적하고 여유로운 분위기에서 한숨 돌려보는 것도 좋겠다.

- ⓥ 台北市中山區中山北路三段181-1號 (타이베이시립미술관 내)
- ⓒ +886 2 6617 7979 / 시립미술관 지점
- Ⓜ MRT 위안산역(R14) 1번 출구 도보 10분
- Ⓛ 월-일 10:00-18:00
- Ⓟ 지상주차장 / 유료

map

web

지금은 문을 닫은 성품생활쑹옌 지점

Chun Shui Tang

春水堂
춘수당

버블티의 근본

버블티를 처음 만든 가게로 유명하다. 쫀득한 버블티도 맛있고, 철관음라테鐵觀音拿鐵와 레몬재스민티翡翠檸檬綠茶, 재스민밀크티茉香奶茶도 추천한다. 전부 아이스로 마셔야 맛있다. 흑임자가루와 연유를 곁들인 흑당떡三沾小麻吉도 고소한 맛이 좋아 곁들이기 좋다. 매장은 항상 붐비지만 테이크아웃 음료는 금방 나오는 편이다. 그 외에도 궁푸몐功夫麵 같은 비빔면이나 우육면 같은 간단한 식사 메뉴가 있다. 메뉴판을 보면 '素' 글자에 초록색 마크가 붙은 메뉴가 몇 가지 보이는데, 채식 메뉴를 뜻한다. 메뉴판에 영어 메뉴가 있어서 주문하기 어렵지 않다.

- ⑨ 台北市中正區八德路一段1號華山1914
創意文化園區中1B(화산1914 내)
- ⓒ +886 2 2341 6087 / 화산 지점
- ⓜ MRT 산다오사역(BL13) 6번 출구 도보 7분,
중샤오신성역(BL14, O07) 1번 출구 도보 5분
- ⓛ 월-일 10:30-21:00
- ⓟ 지하주차장 / 유료

map

web

Cafe Bosan 카페이바오산

珈琲 寶山
카페보산

아늑하고 조용한 곳에서 진한 커피를

타이베이현대미술관 근처 중산 카페 거리에 자리한 숨은 아지트 느낌의 작은 카페다. 직접 로스팅하는 다크로스팅 원두가 특징으로 융 드립으로 내린 커피가 맛있다. 어두운 조명 아래 옛날 노래가 흐르고 LP가 가득한 공간은 마치 20세기로 돌아간 느낌이 든다. 바스크치즈케이크, 초콜릿케이크, 푸딩 등의 디저트도 있다. 카운터 좌석과 테이블, 입식 좌석이 있고, 안쪽에는 왕가위(왕자웨이) 감독의 영화 「화양연화」 포스터가 붙어 있다. 떠드는 사람이 없는 조용한 분위기를 즐길 수 있는 곳으로 비 오는 날의 운치와 어울린다. 결제는 현금만 가능하다.

- ⊙ 台北市中山區長安西路36號
- 🚇 MRT 중산역(G14, R11) 1번 출구 도보 5분
- 🕐 수 휴무 / 목-화 14:00-22:00
- Ⓟ 불가

핸드드립 커피

커피투

고급 대만산 원두 셀렉트숍

주로 사진을 전시하는 국가촬영문화센터National Center of Photography and Images 건물 1층에 자리한 커피투는 아리산 커피 중에서도 좋은 평가를 받은 고급 원두를 판매한다. 원두 선별은 물론이고 로스팅과 그 외 모든 작업을 직접 관리한다. 대만산 원두로 내린 커피를 파는 곳은 많지만, 최고급 대만 원두를 구입하고 싶다면 이곳이 제격이다. 그만큼 가격은 조금 비싼 편이다. 메뉴에 원두별 테이스팅 노트가 자세히 적혀 있고, 핸드드립 커피를 주문하면 선택한 원두 설명이 기재된 작은 카드를 준다. 브런치 메뉴가 있고, 재스민티 페일에일이나 망고스틴 IPA처럼 독특한 대만 맥주도 있다.

- 📍 台北市中正區忠孝西路一段70號1樓
- 📞 +886 2 2311 6100
- 🚇 MRT 타이베이역(BL12, R10) Z6 출구 앞
- 🕐 월-일 8:00-19:00
- 💲 핸드드립 200NTD부터 시작
- 🅿 불가

map

web

Tea Master Chang Nai-Miao
Memorial Hall

장나이먀오차스지녠관

張迺妙茶師紀念館
장내묘 다사기념관

목책철관음의 원류

타이베이 남쪽 지역인 무자(木柵목책)에 중국 철관음차를 처음 들여와 재배한 티마스터 장내묘(장나이먀오)의 기념관이다. 지금은 후손들이 운영 중이며 1층에서 유료로 차를 시음할 수 있다. 대만 전역의 특색을 지닌 다양한 차를 비롯해 무자에서 사계절 동안 수확한 4종 목책철관음 세트 등을 판매하는데, 차 맛이 계절마다 달라지는 것에서 착안한 아이디어 상품이다. 자사호의 고장인 중국 이싱의 자사호와 다구도 함께 판매한다. 깨진 자사호 수리도 하며 약 한 달가량 소요된다. 잎차가 대부분이지만, 포장 시 가늘거나 부서져서 탈락한 차로 만든 티백도 있어 선물용으로 좋다. 2층 전시관에서는 철관음차를 포함해 대만차의 역사를 들여다볼 수 있고 관람료는 150NTD이다.

- 台北市文山區指南路三段34巷53-2號
- +886 2 2938 2579
- MRT 동물원역(BR01) 2번 출구에서 마오쿵곤돌라 동물원역으로 도보 이동, 곤돌라 탑승 후 마오쿵역 하차(120 NTD, 30분 소요), 도보 10분
- 월-토 10:30-17:00 / 일 13:30-17:00
- 불가

map

web

FUJIN TREE CAFE 푸진수카페이

富錦樹咖啡
푸진트리카페

가로수가 멋있는 푸진제의 분위기를 만끽

송산공항 인근, 키 큰 가로수가 무성한 민성서취 골목의 특징적 풍경을 온전히 만끽할 수 있는 오픈 테라스 카페다. 노천 자리가 특히 좋다. 푸진트리카페는 이름 그대로 미슐랭 레스토랑, 편집숍 등을 운영하는 푸진트리그룹이 만든 공간이다. 에스프레소, 카푸치노 등 커피 메뉴에 충실할 뿐만 아니라 철관음티라미수나 재스민 시폰케이크, 캐러멜푸딩 등의 디저트도 있다. 현지인에게도 관광객에게도 인기가 많아 언제나 사람들로 붐빈다. 위치가 송산공항 근처인 만큼, 여행을 마치고 공항 가는 길에 들르기도 좋다. 이곳 노천에 앉아 거리와 사람의 정취를 느껴본 이라면 민성서취 골목이 종종 생각날 것만 같다.

- ⓥ 台北市松山區富錦街353號
- ⓒ +886 2 2749 5225 / 푸진 지점
- Ⓜ MRT 송산공항역(BR13) 1, 3번 출구 도보 12분
- Ⓛ 월-일 9:00-18:00
- ⓟ 불가

map

web

커피 · 디저트

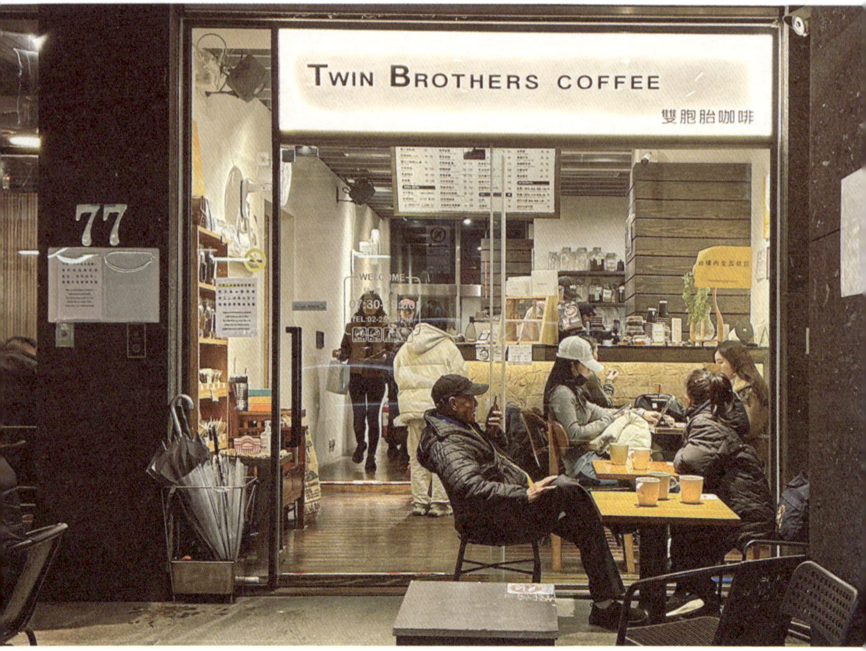
TWIN BROTHERS COFFEE
雙胞胎咖啡
77
WELCOME

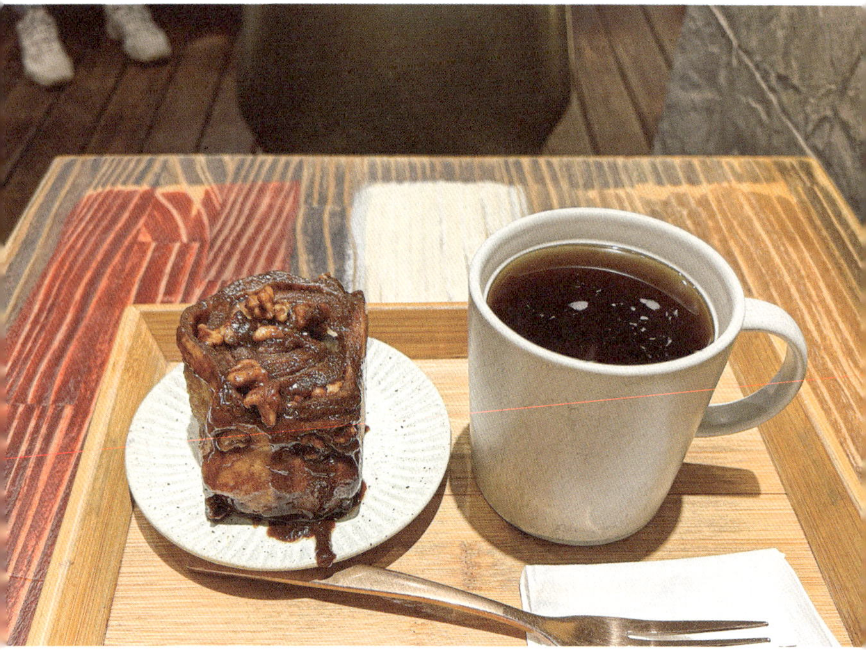

Twin Brothers Coffee　　　　　　　　트윈브라더스커피

트윈브라더스커피

복잡한 타이베이역 주변, 잠시 쉬어가기 좋은 곳

시나몬롤이 맛있다고 소문난 카페로 아메리카노와 홍차가 매우 저렴한 데다 맛도 좋다. 한정 수량으로 판매하는 시나몬롤 또한 인기 메뉴. 빵의 결이 살아 있고 시나몬 향이 진하며 견과류가 듬뿍 들어 있다. 크루아상샌드위치, 파니니도 있어서 아침식사를 하기에 좋다. 카페라테와 카늘레(까눌레)도 시나몬롤 못지않게 반응이 좋은 메뉴다. 타이베이역 근처 숙소에 머문다면 들러볼 만하다. 현금 결제만 가능하다.

- ⊚ 台北市大同區華陰街77號
- ☏ +886 2 2550 9298
- Ⓜ MRT 타이베이역(BL12, R10) Y1 출구 도보 5분
- ⏱ 월-일 7:30-19:00
- ⓢ 아메리카노 60NTD, 홍차 40NTD, 시나몬롤 120NTD
- ⓟ 불가

map

web

Dante Coffee 단티카페이

丹堤咖啡
단테커피

대만 스타일 브런치

타이베이식물원을 열심히 즐기다 지칠 때면 서쪽 출구로 나와 잠시 쉬어보자. 이곳은 커피, 밀크티, 요거트스무디, 와플, 치즈케이크 같은 음료와 디저트, 토스트, 크루아상, 베이글샌드위치, 파스타, 우육면, 커리덮밥 등 간단한 식사 메뉴 또한 풍부하다. 가격이 저렴하고 온종일 브런치 메뉴를 파는 곳이라 현지인이 아침식사나 브런치를 즐기기 위해 많이 찾는다. 다른 지점에 비해 이곳이 사람이 적은 데다 조용하고 아늑해서 일하기에도 좋다.

- 台北市中正區中華路二段75巷24號
- +886 2 2381 4026 / 옌핑난 지점
- MRT 샤오난먼역(G11) 2번 출구 도보 8분
- 월-일 7:00-20:30
- 불가

map

web

甜 點

전통과 현대의
달콤한 만남

대만 클래식 &
모던 디저트

Sweet Dessert

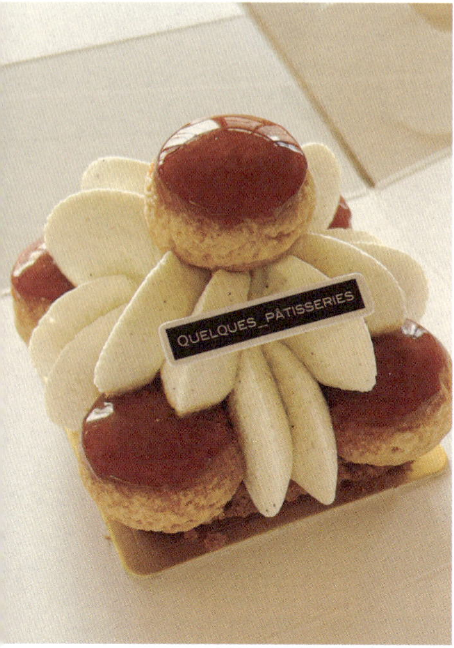
QUELQUES_PÂTISSERIES

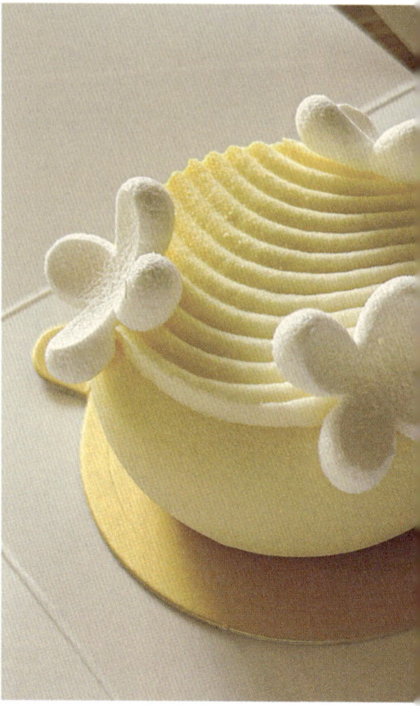

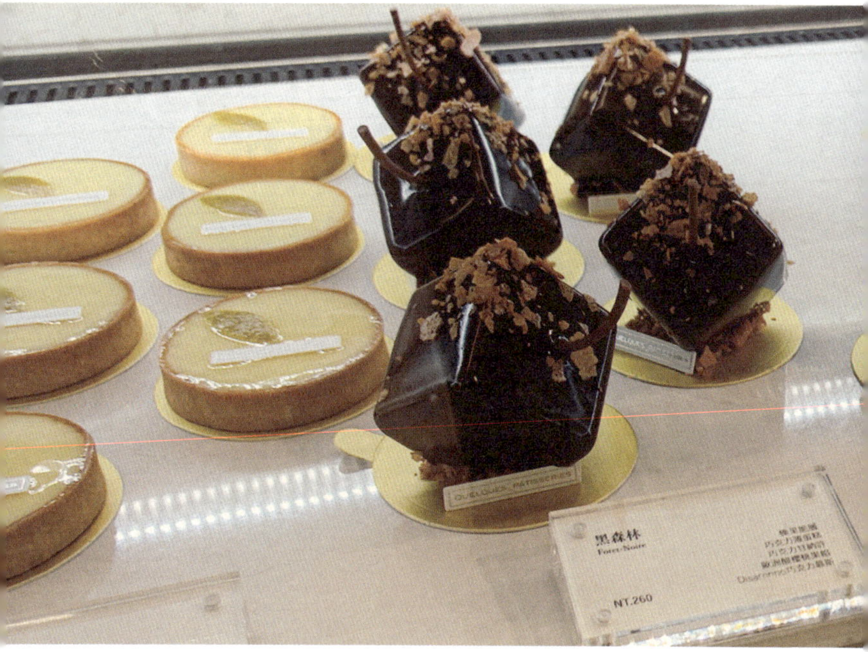
黑森林
NT.260

Quelques Pâtisseries　　　　　　　　　　　머우머우톈뎬

某某餂點
껠끄파티스리

프렌치 디저트와 대만 식재료의 만남

케이크를 좋아하면 반드시 찾아가야 하는 프랑스식 디저트 전문점. 딸기, 유자, 사과, 귤 등 제철 재료를 활용한 계절 한정 메뉴와 상시 판매하는 온고잉 메뉴가 있다. 시트 위에 바삭하게 구운 슈를 올리고 바닐라크림을 채워 만든 생토노레, 정사각형으로 체리를 귀엽게 표현한 포레누아, 얇고 바삭한 타르트 시트에 레몬과 라임으로 상큼한 맛을 낸 시트론타르트 등이 유명하다. 겨울에 계절 메뉴로 선보인 케이크는 유자와 계화(계수나무(목서)의 꽃)를 사용해 향긋하며, 입에서 사르르 녹아 없어질 만큼 부드럽고 맛있다. 다른 계절에 또 가고 싶어질 만큼 인상적인 가게다. 하지만 이곳의 아름다운 디저트는 모두 포장만 가능하니 숙소에서라도 꼭 맛보길 추천한다.

- 台北市大安區仁愛路四段345巷4弄7號
- +886 2 2711 1102
- MRT 중샤오둔화역(BL16) 3번 출구 도보 7분
- 월-화 휴무 / 수-일 13:00-19:00
- 불가

map

web

YU CHOCOLATIER　　　　　　　　　　　　위스차오커리

畬室巧克力
위쇼콜라티에

어디에도 없는 여기에만 있는 초콜릿

2024년 대만 국빈 만찬의 디저트로 소개된 위쇼콜라티에는 호기심이 많거나 초콜릿 마니아라면 꼭 들러보길 권하는 초콜릿 전문점이다. 참기름, 캐러멜간장, 대만 원주민의 향신료인 마가오 등 대만의 식재료를 활용해 만든, 이곳에서만 맛볼 수 있는 초콜릿이 가득하기 때문이다. 계화참기름桂花麻油, 진저릴리 패션프루트百香薑花, 마가오페퍼 피스타치오馬告開心果, 진저라즈베리薑汁覆盆子 등 처음 들어보는 재료와 새로운 조합이 많아 구미가 당긴다. 그 외에도 재스민이나 대만카카오, 금귤레몬 등 맛의 종류가 다양하다. 개별로도 판매하고 6개입, 12개입 선물용 패키지가 있다. 초콜릿뿐만 아니라 캐러멜밀푀유焦糖千層派도 유명하고, 쇼콜라 오랑제트, 파운드케이크, 음료도 있으니 골고루 즐겨보자.

- ⌖ 台北市大安區仁愛路四段112巷3弄10號
- ☏ +886 2 2701 0792
- Ⓜ MRT 신이안허역(R04) 1번 출구 도보 10분, 중샤오둔화역(BL16) 6번 출구 도보 9분
- 🕒 수 휴무 / 목-화 12:00-20:00
- Ⓟ 불가

map

web

226

Smille   웨이샤오미러

微笑蜜樂
스마일

대만 과일 밀푀유

유명한 펑리쑤^(펑리수) 맛집 서니힐에서 운영하는 밀푀유 가게. 밀푀유를 먹기 편하도록 좁고 긴 스틱 형태로 만들어 판매한다. 매장의 추천 메뉴는 바나나구아버맛. 풍부한 견과 토핑과 바나나구아버 잼이 환상의 조합을 이룬다. 파인애플커스터드맛, 홍옥사과맛 등이 있고, 매장에서 먹으면 파인애플 음료를 무료로 제공한다. 가게 내부에는 푸릇푸릇한 식물이 많아 마치 공원에 온 것 같은데, 녹색 벤치에 앉아 예쁜 박스에 담긴 밀푀유를 맛보면 피크닉을 즐기는 기분이다. 매장 한편에는 서니힐 펑리쑤를 판매하는 계산대도 있다. 송산문화창의공원에서 전시를 보거나 쇼핑하다 지칠 때 달콤한 밀푀유와 함께 휴식을 취해보면 어떨까?

- ⊙ 台北市信義區光復南路133號松山文創園區 A7 E102
- ☏ +886 2 2765 3683
- 🚇 MRT 국부기념관역(BL17) 5번 출구 도보 7분
- ⏱ 월-일 11:00-19:00
- Ⓟ 가능

map

web

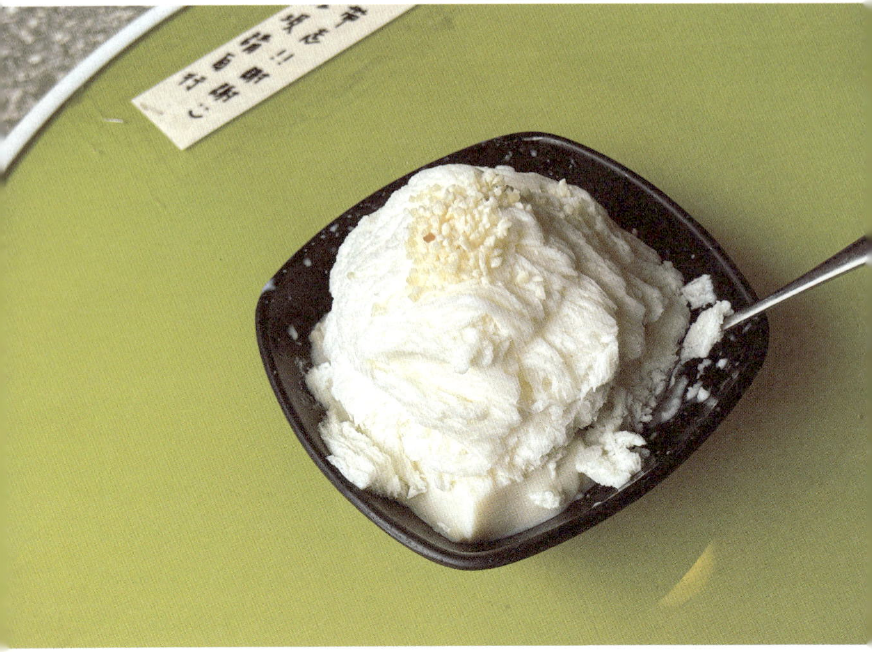

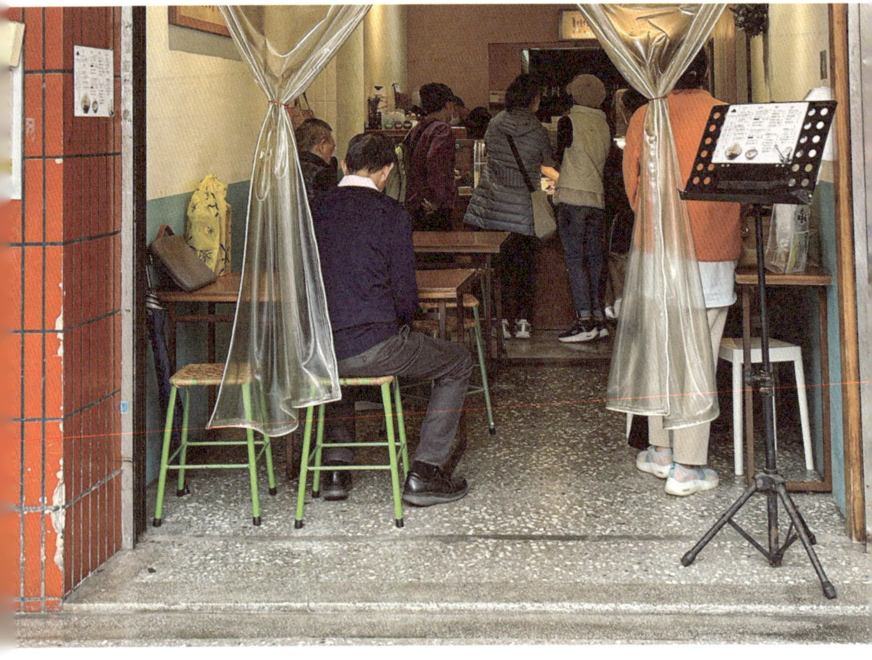

Summer Tree Sweet   샤수텐핀

夏樹甜品
하수첨품

행인두부 마니아라면 꼭 맛봐야 할 집

하수첨품은 행인두부杏仁豆腐를 사용하여 다양한 디저트를 제공하는 몇 안 되는 귀한 가게다. 행인두부는 살구씨 혹은 아몬드, 우유, 응고제 등을 넣고 만드는 중국식 젤리이자 일종의 아몬드푸딩으로, 딤섬 가게의 단골 디저트이기도 하다. 행인두부 위에 고운 행인우유얼음을 올려주는 눈꽃빙수와 행인더우화杏仁豆花 등의 메뉴에 원하는 토핑을 추가할 수 있다. 토핑은 디과위안(地瓜圓고구마볼), 위위안(芋圓타로볼), 삶은 땅콩花生, 녹두綠豆, 팥紅豆, 펀위안(粉圓타피오카) 등이 있는데, 눈꽃빙수는 세 가지 토핑, 행인또우화는 한 가지나 세 가지 토핑을 고를 수 있다. 그중 녹두와 삶은 땅콩을 추천한다. 행인두부를 좋아하거나 특색 있는 디저트를 찾는 사람이라면 꼭 방문해야 할 곳이다.

- 台北市大同區迪化街一段240號
- +886 2 2553 6580
- MRT 다차오터우역(O12) 1A 출구 도보 10분
- 월-일 10:30-18:30
- 불가

map

web

Yongkang Fruit Garden · 융캉수이궈위안

永康水果園
영강수과원

붐비는 융캉제에서 과일로 리프레시

대만의 다양한 과일을 맛보고 싶다면 영강수과원으로 가자. 여러 가지 과일을 낱개로 팔고 손질된 과일도 갖춰 원하는 것을 손쉽게 맛보기 좋다. 특히 이곳의 생과일주스는 맛있기로 유명하다. 과일치고는 꽤 비싸지만, 품질이 좋은 과일인 만큼 먹어보면 후회하지 않는다. 딱 한 가지 과일을 추천하자면 대만의 국민 과일 구아버芭樂. 상큼하면서도 살짝 풋내가 나는 구아버가 생소하다면 구아버 향이 압축된 주스를 먼저 마셔봐도 좋다. 과일은 계절마다 바뀌는데, 봄에는 비파枇杷, 스타프루트楊桃, 딸기草莓, 리치荔枝, 여름에는 여러 품종의 망고芒果, 가을에는 포멜로柚子('紅肉'이라고 표기된 붉은 과육이 맛있다), 겨울에는 작은 풋사과처럼 생긴 인도대추蜜棗, 아삭한 로즈애플蓮霧, 크리미하면서 달콤한 석가釋迦 등의 제철 과일을 맛볼 수 있다.

- ⊙ 台北市大安區永康街6-1號
- ☏ +886 2 2392 3322
- 🚇 MRT 둥먼역(R07, O06) 5번 출구에서 도보 5분
- ⏰ 월-일 9:00-22:00
- Ⓟ 불가

map

web

大紅豆

East Ice Store

東區粉圓
동취펀위안

좋은 재료로 만든 소박하고 맛있는 대만 디저트

대만 디저트 펀위안粉圓은 빙수나 탕 위에 타피오카를 비롯해 다양한 토핑을 올려 먹는 타이베이의 대표 간식이다. 특히 동취펀위안은 펀위안 전문점 중에서도 손꼽히는 가게다. 주문할 때 '아이스'와 '핫', 그리고 기본 베이스가 되는 맛을 골라 토핑을 선택하는 방식이다. 토핑은 메뉴에 따라 서너 가지를 고를 수 있다. 토핑은 삶은 팥紅豆, 타피오카粉圓, 탕위안湯圓, 삶은 땅콩花生, 율무薏仁, 고구마볼, 타로볼, 녹두綠豆, 연유煉乳, 파인애플鳳梨, 행인두부杏仁, 아이위愛玉, 곤약蒟蒻, 패션프루트百香果 등 다양하다. 추천 토핑은 달콤하고 쫄깃쫄깃한 노란색 고구마볼 디과위안地瓜圓과 연보라색 타로볼 위위안芋圓. 영어나 한국어 메뉴판은 없지만 쇼케이스의 재료를 보고 선택할 수 있다. 아이스 주문 시 펀위안 아래에 얼음이 가득 담겨 나와 먹는 동안 녹아서 싱거워질 수 있으니 가게에 마련된 설탕물을 추가해서 맛을 조절한다.

- ⓞ 台北市大安區信義路四段258號
- ⓒ +886 2 2709 1068 / 신이 지점
- Ⓜ MRT 신이안허역(R04) 4번 출구 도보 2분
- Ⓛ 월-일 11:00-23:00
- Ⓢ 75NTD
- Ⓟ 불가

map

合興壹玖肆柒
호싱1947

Hoshing 1947   허싱이주쓰치

새로운 떡의 식감을 느껴보자

상하이식 떡 카페 호싱1947에는 다양한 중국식 디저트와 과자류가 있다. 한국의 떡과 비슷해서 누구나 맛있게 먹을 수 있고 모양도 무척 귀엽다. 특히 가게 앞 간이 벤치에서 먹고 갈 경우, 즉석에서 바로 데운 떡을 홍옥홍차와 함께 내주는데, 함께 먹으면 무척 잘 어울리는 조합이다. 포슬포슬하게 생긴 쌀떡 쑹가오松糕, 계화향이 은은한 구이화탸오가오桂花條糕, 복숭아 모양에 팥이 든 샤오서우타오小壽桃를 추천한다. 선물세트도 판매한다.

- 台北市大同區迪化街一段223號
- +886 2 2557 8060
- MRT 다차오터우역(O12) 1A 출구 도보 10분
- 월-일 11:00-19:00
- 불가

map

web

Minuit Pâtisserie 선예리더파궈서우궁뎬뎬

深夜裡的法國手工甜點
심야의 프랑스 수제디저트

거대한 타르트와 향기로운 커피

이름 그대로 프랑스식 디저트를 판매하는 타르트 전문점. 생초콜릿, 라즈베리초콜릿, 레몬머랭, 몽블랑, 티라미수 등 스무 종류의 기본 타르트가 있다. 계절 한정 메뉴와 치즈케이크 종류도 많은 편이고, 이 외에도 마들렌, 쿠키 등을 갖추고 있다. 타르트 전문점인데도 스페셜티 커피가 상당히 맛있으니 매장에서 먹는다면 함께 맛봐도 좋다. 이곳의 타르트 한 조각은 홀케이크의 4분의 1 크기 정도로 무척 큰 데다 진하고 묵직한 맛이 특징이다. 그래서 매장 한편에 남은 타르트를 포징히도록 셀프 포장박스가 마련되어 있다. 이용시간은 90분이고 모두 셀프서비스. 비싼 편이지만 최고급 프랑스식 디저트 한입에 여행의 피로가 달아날지도 모른다.

- ⊙ 台北市大安區金山南路二段141巷1號
- ☎ +886 2 2367 3067
- 🚇 MRT 둥먼역(R07, O06) 3번 출구 도보 10분
- 🕐 수 휴무 / 목-화 16:00-24:00(22:50까지 입장)
- 💲 타르트 380NTD부터 시작
- Ⓟ 불가

map

web

Sweetbean　　　　　　　　　　　　　　　　　　뤼더우이런

綠逗薏人
녹두의인

몸에 좋은 전통 디저트

대만에서는 여름에 녹두를 먹으면 더위를 가시게 해준다고 믿어 예로부터 뜨겁거나 차가운 녹두탕綠豆湯을 즐겨 먹었다. 녹두와 율무를 주재료로 전통 디저트를 선보이는 녹두의인에서는 말캉한 곤약이 들어간 시원한 녹두탕을 맛볼 수 있다. 이 외에도 녹두, 팥, 율무, 땅콩 등의 토핑을 선택할 수 있는 더우화(아이스 혹은 핫 선택), 빙수, 두유, 아이스크림, 율무탕, 탕위안 등의 메뉴가 있다. 추천하는 것은 젤리 같은 곤약이 들어간 곤약녹두율무탕蒟蒻綠豆薏仁湯. 전통 방식으로 더위를 식히러 들어갔다가 은은하게 스며드는 대만 국민 디저트에 반하는 사람이 한둘이 아니다.

- ⊙ 台北市中正區金山南路一段148號
- ☏ +886 2 2322 2356 / 진산 지점
- Ⓜ MRT 둥먼역(R07, O06) 2번 출구 도보 3분
- ⓛ 월-일 10:00-오후10:00
- ⓢ 65NTD부터 시작
- Ⓟ 불가

map

web

就是果汁吧
주스주스바

여행자들을 위한 과일 도시락

간판에 '現榨(갓 짜낸)'이라는 글자가 보이면 즉석 생과일주스와 손질 과일을 파는 곳을 뜻한다. 목이 마를 때 주스 가게에 들러 신선한 생과일주스를 마셔보자. 특히 이곳은 주스를 만들 때 물과 설탕을 넣지 않아 진하고 향긋한 과즙 그대로를 즐길 수 있다. 파인애플, 바나나, 수박, 토마토 등의 과일과 여주, 당근, 우엉 등의 채소 등이 있는데, 구아버생과일주스芭樂原汁와 파파야우유木瓜牛奶, 패션프루트요구르트百香果多多가 맛있다. 식용 다육인 석연화 허니주스石蓮花蜜汁도 있고, 손질한 과일팩도 저렴하고 신선하다. 영어 메뉴판은 없지만 쇼케이스를 보고 재료를 선택할 수 있다.

- ⓥ 台北市大安區和平東路三段12號
- ⓒ +886 2 2737 2432
- Ⓜ MRT 테크놀로지빌딩역(BR08) 출구 도보 7분
- Ⓛ 일 휴무 / 월-금 8:00-21:00 / 토 10:00-17:00
- Ⓟ 불가

map

web

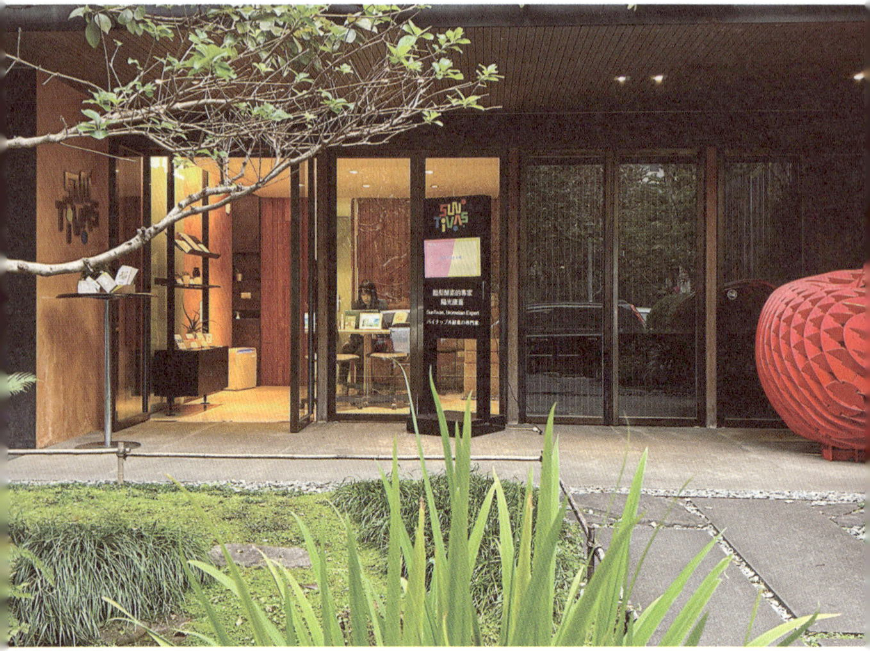

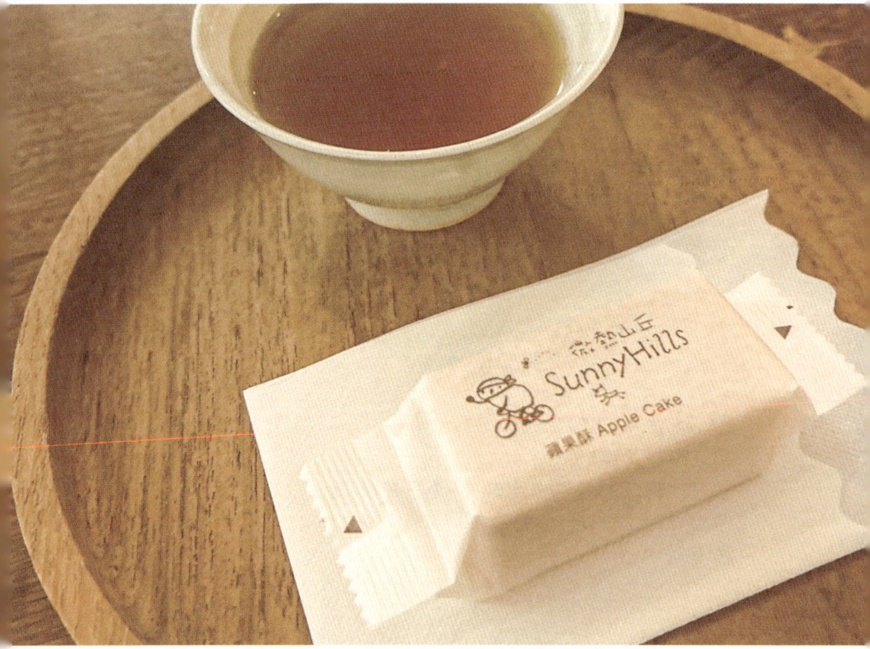
微熱山丘
SunnyHills
蘋果酥 Apple Cake

Sunny Hills   웨이러산추

微熱山丘
서니힐

선물용 과자는 역시 서니힐

펑리쑤로 유명한 서니힐 타이베이 본점이다. 펑리쑤의 사과 맛 제품인 애플케이크와 바나나웨하스, 예쁘고 다양한 선물용 패키지가 있다. 가게에 들어가면 일단 펑리쑤 하나와 차 한 잔을 주니 맛보기로 즐기기 좋다. 한국어 담당 직원이 있어서 구매가 편리하고, 펑리쑤 외에 다른 제품들도 모두 맛있어서 만족스럽다. 가게 앞에는 애플케이크를 출시하며 커다란 빨간 사과 구조물을 설치했는데, 마치 미술작품 같아 사진으로 남겨두고 싶다. 타오위안공항에도 서니힐이 있지만, 본점에는 더 많은 종류의 제품이 있고 때때로 프로모션을 진행하기도 하니 들러볼 만하다.

📍 台北市松山區民生東路五段36巷4弄1號1樓
📞 +886 2 2760 0508
🚇 MRT 송산공항역(BR13) 1, 3번 출구 도보 15분,
타이베이아레나역(G17) 5번 출구 도보 16분
🕐 월-일 10:00-18:00
🅿 불가

map

web

李亭香
이정향

Li Ting Xiang · 리팅샹

옛날 대만 과자는 재밌다

대만의 전통 과자를 맛볼 수 있는 100년 노포. 과자마다 고유의 의미가 담겨 있는데, 가장 인기가 많은 평안귀平安龜는 거북이 모양에 땅콩 소가 든 과자로 평안을 기원한다고 한다. 녹두고綠豆糕, 미니퍼프, 펑리쑤, 장원병 등도 유명하다. 과자 모양도, 선물패키지도 대만의 전통을 살린 귀여운 디자인이라서 선물용으로도 좋다. 티룸도 있어서 가게 안에서 차와 함께 과자를 즐길 수도 있다.

- 台北市大同區迪化街一段309號
- +886 2 7746 2200 #200 / 디화제 본점
- MRT 다차오터우역(O12) 1A 출구 도보 7분
- 월-일 10:00-19:00
- 불가

map

web

대만 전통 과자

I-Mei Foods 이메이스핀

義美食品
이메이푸드

현지인이 즐겨 찾는 종합식품점

대만의 온갖 과자를 한자리에서 만날 수 있는 이메이푸드는 과자의 천국이다. 일반 과자와 전통 과자 등 종류가 다양하고, 가격도 적당하다. 특히 평소에 대만차를 즐긴다면 다과로 즐기기 좋은 대추호두고核棗糕를 꼭 구입하길 바란다. 은은한 대추의 단맛과 호두의 고소한 맛이 조화로워 차 맛을 해치지 않으며 에너지를 보충해준다. 에그롤이나 녹두고, 펑리쑤, 타로케이크 등 선물용 패키지도 잘 갖추고 있고, 시즌 한정 아이스크림도 판매한다. 타이베이 어디에 가도 지점이 있어 편리하다.

- 台北市大安區復興南路二段33-1號
- +886 2 2708 5675 / 푸싱난 지점
- MRT 다안역(R05, BR09) 5번 출구 도보 3분
- 월-토 7:00-22:00 / 일 8:00-22:00
- 불가

map

web

Pineapple Hill　　　　　　　　　　　　　　　왕라이산

旺萊山
왕래산

자이현 펑리쑤의 상큼한 맛

대만에서는 파인애플을 번영과 행운의 과일로 여긴다. 여기에는 유래가 있다. 대만 방언으로 '번영'을 뜻하는 '旺來'와 '파인애플'을 가리키는 '玉梨'의 발음이 둘 다 '옹라이'로 같아서 생긴 상징적인 의미다. 그리고 이제는 파인애플을 넣어서 만든 펑리쑤가 선물로 환영받게 되었다. 왕래산은 이러한 스토리를 이름에 담은 펑리쑤 브랜드다. 대만 남서부 자이현 파인애플로 펑리쑤를 만들며 다양한 구성과 예쁜 패키지의 선물세트로 유명하다. 맛은 서니힐과 비슷한 편인데, 가격이 약간 저렴하다. 디화제 안에 있어서 쇼핑하면서 펑리쑤를 함께 구매하기 좋다. 입구에 커다란 파인애플 조형물이 있으니 재미있는 기념사진을 찍어보자. 호불호 없는 맛과 귀여운 패키지 덕분에 선물용으로 인기가 많고, 매장에서 무료 시식이 가능하다.

- 📍 台北市大同區迪化街一段244號1樓
- 📞 +886 2 2557 2925 / 타이베이 디화 지점
- 🚇 MRT 다차오터우역(O12) 1A 출구 도보 10분
- 🕙 월-일 9:30-18:30
- 🅿 불가

map

web

生活精品店

취향으로 일상을
채우는 감각

라이프스타일
소품숍

Lifestyle Store

Eslite Spectrum Nanxi   청핀성훠난시

誠品生活南西
성품생활난시

트렌디한 종합 쇼핑몰

대만의 패션, 소품, 잡화, 식품 브랜드가 알차게 모인 쇼핑몰이다. 1층에는 주로 향수 가게가 많은데, 니치향수 브랜드인 라티잔 퍼퓨머, 아틀리에 코롱, 펜할리곤스, 산타마리아 노벨라, 르 라보 등을 만날 수 있다. 2층은 젊은 대만 디자이너들의 의류, 신발 브랜드가 있고, 대만산 식물을 원료로 만든 보디 헤어 브랜드 차쯔탕茶籽堂도 있다. 3층의 일본 수플레 팬케이크 가게 플리퍼스Flipper's는 인기가 많아 언제나 붐비는 곳이다. 4층에는 대만 소품과 잡화, 5층에는 서점과 문구류, 지하에는 푸드코트가 있다. 성품생활난시는 타이베이 젊은이들의 힙 플레이스인 중산에 위치해 트렌드를 예민하게 반영하는 재미난 가게가 많으니 가능하면 주말을 피해 여유 있게 구경하면 좋다. 총 구매 금액이 2,000NTD 이상이면 잊지 말고 4층 고객센터에서 미리 텍스리펀드를 받자. 이때 여권은 필수다.

- 台北市中山區南京西路14號
- +886 2 2581 3358
- MRT 중산역(G14, R11) 1번 출구 도보 1분
- 일-목 11:00-22:00 / 금-토 11:00-22:30
- 주변 주차장 / 유료

map

web

Maji Treats   선눙성훠

神農生活
신농생활

대만의 딘 & 델루카

'메이드 인 타이완' 제품 편집숍으로 일반 슈퍼마켓에서 찾기 어려운 제품이나 고급품을 한자리에서 모아놓았다. 물건의 종류가 무척 많은데도 패키징부터 분류, 진열에 이르기까지 깔끔하게 정돈되어 쾌적하게 쇼핑할 수 있다. 바쿠테南洋肉骨茶 키트와 루웨이萬用滷味包 키트 등 간편 밀키트, 건어물이나 건채소, 각종 전통 면류 등의 식재료, 바나나물엿사탕香蕉油飴 같은 전통 간식류가 다양하게 구비되어 있다. 또한 대만차, 계화주, 매화주를 비롯한 전통술은 물론이고, 다양한 식초와 간장 등 양념도 풍부하다. 그야말로 식자재의 보물창고. 이 외에도 차와 찻잔, 그릇 등 대만 전통 잡화를 감각적인 빈티지 스타일로 재해석한 제품과 아기자기한 물건을 고루 갖춰, 선물을 고르기에도 좋다. 식품이나 새로운 것에 관심이 많은 여행자라면 필수 코스다.

- ⊙ 台北市中山區南京西路14號(성품생활난시 4층)
- ⓒ +886 2 2563 0818 / 성품생활난시 지점
- ⓒ 일-목 11:00-22:00, 금-토 11:00-22:30
- ⓟ 주변 주차장 / 유료

map

web

대만 제품 편집숍

Tsun Shan 춘산

村山
촌산

향기로 기분을 업그레이드

기분 전환이 필요하거나 휴식을 취하고 싶을 때, 공간의 향을 바꾸거나 향수를 바꾸면 도움이 된다. 특히 여행지에서의 향을 간직하는 것은 그곳에서의 추억을 오래도록 떠올리게 하는 좋은 방법이기도 한다. 촌산은 자연 원료 향 전문 브랜드로, 타이베이 여행을 향기로 기억할 수 있는 다양한 제품을 소개한다. 침향, 단향 등이 들어가 공간의 분위기를 바꿔주는 오리지널 블렌딩 선향, 베티버, 프랑킨센스, 아미리스, 대만 편백 같은 에센셜 오일, 숙면을 도와주는 스프레이와 마사지 오일, 향수와 핸드크림 등이 대표적이다. 이 외에도 반려동물에게 해가 없는 아로마 오일과 디퓨저, 비누, 아로마 모기 기피 스프레이도 있다. 대부분의 제품은 시향이 가능하다. 특히 선향 중에는 향꽂이가 포함된 세트도 있어 여행 중에 숙소에서 피우거나 선물하기에도 좋다.

- ⊙ 台北市中山區南京西路14號(성품생활난시 4층)
- ⓒ +886 2 2581 3358 #1436
- ⓛ 일-목 11:00-22:00, 금-토 11:00-22:30
- ⓢ 선향 세트 880NTD부터 시작
- ⓟ 주변 주차장 / 유료

Deng Yi 덩이

登義
등의

한약재로 생활에 전방위 활력을

한약재를 현대인의 생활에 어떻게 응용하면 좋을까? 성품생활난시 4층에 있는 등의에 가면 해답이 있다. 이곳은 전통적인 한약재를 일상에서 쉽게 활용할 수 있도록 간편한 패키징으로 선보인다. 건매실, 건대추 같은 간식, 허브티, 검은콩차 등의 티백, 약선요리 키트 등 몸에 좋은 재료를 손쉽게 즐길 수 있는 식품이 가득하다. 한국에서 보기 힘든 흥미로운 제품도 있다. 네 가지 한약재가 들어간 대만의 국물 요리이자 보양식인 사신탕四神湯 키트, 추운 겨울에 어울리는 멀드와인 키트(망고나 히비스커스를 추가한 제품도 있다), 쑥을 넣은 마사지봉, 한방차, 입욕용 약재 티백 등 다양한 물건이 기다리는 현대식 한약방을 구성해보자.

- ⊙ 台北市中山區南京西路14號(성품생활난시 4층)
- ⓒ +886 2 2536 5958
- ⓛ 일-목 11:00-22:00, 금-토 11:00-22:30
- ⓟ 주변 주차장 / 유료

map

web

MAO'S DOLL   와와서우촹관

襪娃手創館
마오스돌

보기만 해도 신나는 모자와 인형의 공간

유니크한 모자를 찾는다면 이곳을 꼭 들러야 한다. 빈약한 상상을 뛰어넘을 만큼 예쁘고 귀엽고 화려하고 신기한 모자의 향연이 펼쳐진다. 격식을 갖춘 펠트 모자, 독특한 니들펠트 베레모, 동물 귀 모양의 귀여운 모자 등 다양한 재료를 활용한 제품뿐만 아니라 어디서도 구하지 못할 만큼 참신한 디자인의 모자를 만날 수 있는 곳이다. 레이스와 자수로 이루어진 넥케이프, 각종 인형, 인형을 활용한 소품, 꽃과 나비 디자인의 로맨틱한 액세서리 등 눈을 뗄 수 없는 제품이 즐비하다. 아이쇼핑을 하기에도 제격이다.

- ⓞ 台北市中山區南京西路14號(성품생활난시 4층)
- ⓒ +886 2 2581 3358 #1442
- ⓛ 일-목 11:00-22:00, 금-토 11:00-22:30
- ⓟ 주변 주차장 / 유료

map

web

你好我好
니하오워하오

정감 있는 레트로 대만

컬러풀하고 재미있는 대만 레트로 디자인 제품을 판매하는 셀렉트숍이다. 티셔츠, 원피스, 스카프, 에코백 같은 패션용품과 중국 종이 공예인 젠즈剪紙(도안을 따라 오리면 한 장의 종이가 끊어짐 없이 연결되는 장식품)나 스티커 등의 문구류가 눈에 띈다. 이 외에도 대만 각 지역의 유명 과자와 차, 농산물 등 다양한 잡화를 갖춰 구경거리가 많다. 이중에 무늬가 귀여운 빈티지 그릇과 소용량 백주잔, 스테인리스 커트러리가 예쁘니 눈여겨보자. 땅콩을 좋아한다면 대만 땅콩 과자인 화성쑤花生酥를 추천한다. 2층에는 대만풍 옷과 신발을 전시하며 판매한다.

- 台北市大同區迪化街一段14巷8號
- +886 2 2556 5616
- MRT 베이먼역(G13) 3번 출구 도보 8분
- 수 휴무 / 목-화 10:00-18:00
- 불가

map

web

대만풍 디자인 제품

TOOLS to LIVEBY

禮拜文房具
툴스투리브바이

문구 마니아의 보석함

문구류를 좋아하는 사람이라면 알 만한 브랜드 툴스투리브바이는 타이베이에 본점이 있다. 부부 디자이너가 대만의 책상을 변화시키고자 만든 이 브랜드는 한국뿐만 아니라 전 세계에 팬이 많다. 매장의 커다란 문을 통과하면 '문구덕후'의 가슴을 뛰게 할 만한 온갖 종류의 문구 세상이 펼쳐진다. 만년필, 잉크, 스탬프, 클립, 노트, 볼펜, 가위, 페이퍼나이프, 자 등 자체 제작한 상품과 해외에서 공수한 제품이 가득하다. 오리지널 빈티지 제품과 빈티지한 디자인의 대만 문구류도 많고, 에코백, 파우치 같은 리빙 관련 제품도 있다. 내부 인테리어와 진열도 멋스러워서 둘러보다 보면 시간 가는 줄 모른다. 들어갈 땐 빈손이너라도 무엇 하나라도 들고 나오게 되는, 신기하고 재미있는 문구 셀렉트숍이다.

- 📍 台北市大安區樂利路72巷15號
- 📞 +886 2 2739 1080
- Ⓜ MRT 류장리역(BR07) 출구 도보 7분
- 🕐 월 휴무 / 화-토 12:00-21:00, 일 12:00-19:00
- Ⓟ 불가

map

web

Dun Mu Yao　　　　　　　　　　　　　스쑤이샤오완둔무야오

拾歲小玩 敦睦窯
십세소완돈목요

다구에 관심이 있다면 꼭 들러야 곳

대만의 유명 다구점인 돈목요敦睦窯는 한국에서 열린 차문화대전에도 참가한 적이 있다. 그만큼 차와 다구를 좋아하는 사람들에게 사랑받는 곳이다. 돈목요의 시그니처 제품은 백자에 꽃나무를 새긴 시리즈와 매란국죽 등을 그린 수회手繪 시리즈. 그 외에도 자사호와 다양한 디자인의 다기, 소품을 판매한다. 다구에 그려진 그림을 천천히 살피다 보면 작품을 감상하는 것 같다. 또한 매장 곳곳에는 고가구와 태호석太湖石(석회암이 침식되어 신기한 모양이 된 돌로 주로 정원 장식에 쓰인다)이 진열되어 있어 특유의 분위기를 자아낸다. 조그마한 앞마당에는 꽃과 나무도 있으니 매장 전체의 여유로운 분위기를 충분히 즐겨보자.

- 📍 台北市中正區金山南路一段89巷9號1樓
- 📞 +886 932 262 728
- Ⓜ MRT 둥먼역(R07, O06) 2번 출구 도보 5분
- 🕐 월-목 휴무 / 금-일 13:00-18:00
- 🅿 불가

map

web

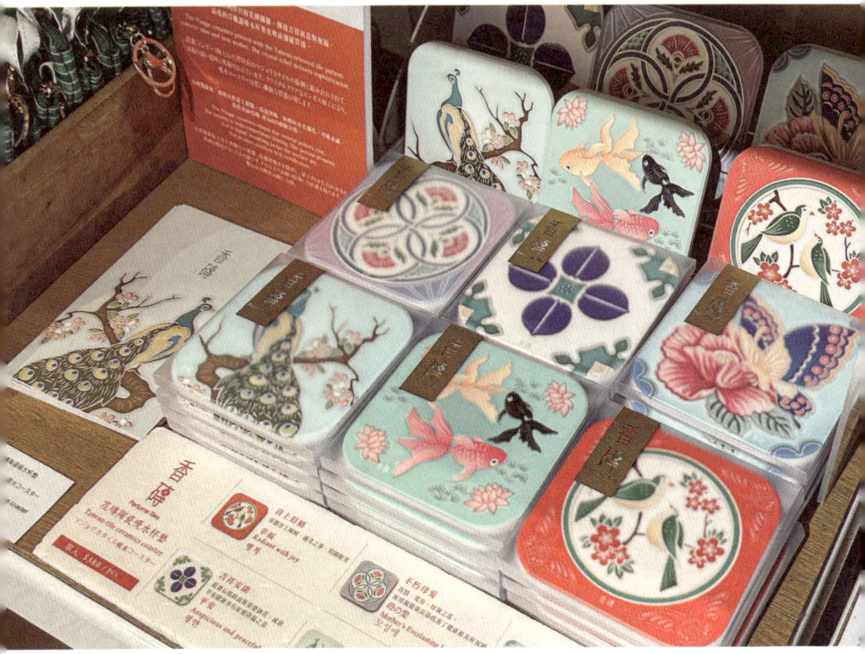

280

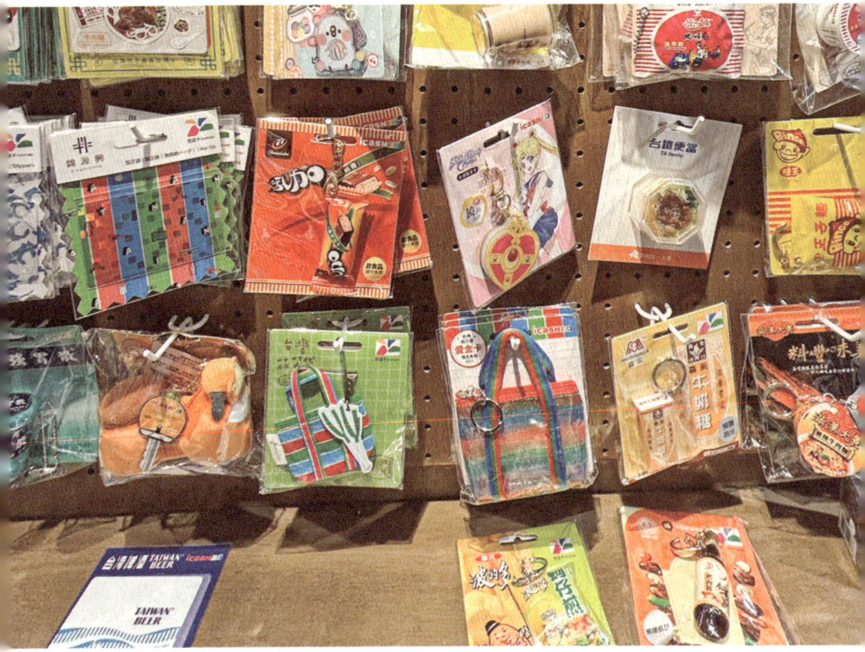

taiwanbiyori 타이완르허

台湾日和
타이완비요리

대만 감성 소품 잡화 총집합

대만풍 잡화를 파는 타이완비요리에서는 편의점에서 볼 수 없는 독특한 디자인의 교통카드를 살 수 있다. 대만 자수 신발, 전통 과자와 대만차, 키링, 파우치, 대만 슬리퍼 등은 대만의 전통적인 문양을 모티브로 디자인된 것들이다. 특히 대만에서 1920-30년대 유행하던 꽃무늬 타일花磚을 본떠 만든 코스터는 대만 감성이 고스란히 느껴진다. 여행객이나 외국인이 갖고 싶을 듯한 '대만스러운' 잡화와 알록달록 재미있는 소품이 많은 셀렉트숍이다.

- ⊙ 台北市大同區延平北路二段41號1樓
- ☎ +886 2 2555 7745
- Ⓜ MRT 베이먼역(G13) 2번 출구 도보 10분
- 🕐 화 휴무 / 수-월 10:30-18:30
- Ⓟ 불가

map

web

好丘
굿초스

GOOD CHO's — 하오추

베이글과 대만 수제 맥주

소문난 베이글 가게이지만, 웬만한 소품숍 이상으로 다양한 제품을 보유한 곳이다. 차를 넣어 만든 누가나 캔디 등의 다과류, 대만산 과일잼 같은 식품류도 있고, 대만풍으로 디자인한 유리 코스터, 핀 배지, 파우치도 있다. 또한 식물이나 동물, 건축물을 완성할 수 있는 종이접기 키트, 귀여운 동물 모양 미니어처 피규어처럼 다른 곳에 없는 독특한 상품이 많다. 매장 한편에서는 대만 수제 맥주 브랜드인 '타이완 헤드 브루어스Taiwan Head Brewers'의 주류를 판매한다. 이곳에서 마실 수도 있으니 입소문이 자자한 절기 맥주(곡우, 망종, 입추 등)와 올해의 맥주를 맛보자.

- ⚲ 台北市信義區松勤街54號(信義公民會館)C館 (사사남촌 내)
- ☎ +886 2 2758 2609 / 신이 지점
- Ⓜ MRT 타이베이101/세계무역센터역(R03) 2번 출구 도보 5분
- ⏱ 월-일 11:00-19:00
- Ⓟ 불가

誠品生活松菸
성품생활쑹옌

밤새우는 서점과 쇼핑몰

24시간 영업하는 성품서점이 자리한 성품생활쑹옌은 CNN에서 '전 세계의 매력적인 백화점 14곳' 중에 하나인 쇼핑몰이다. 1층에는 대만 디자이너 브랜드와 해외 패션 브랜드가 입점해 있고, 대만 차와 세계 와인, 커피, 올리브 등을 판매하는 에슬라이트 와인셀러Eslite Wine Cellar 誠品酒窖 등이 있다. 2층에는 대만 로컬 브랜드의 향수, 생활용품, 소품, 액세서리 등이 있어 천천히 구경하다 보면 대만의 트렌드가 느껴진다. 문구류 코너도 제품 구성이 충실한 편이다. 3층에는 그 유명한 성품서점과 어린이 코너, 잡화, LP, CD 등을 갖춘 음악관, 카페가 있다. 지하에는 영화관, 공연장 및 푸드코트가 있다. 성품생활난시외 는 다른 상트의 트렌디한 가게가 많으니 꼭 들러보자. 이곳 또한 택스리펀드가 가능하다. 총 구매 금액 2,000NTD 이상이면 여권을 지참해 2층 고객센터에서 신청하자.

- 台北市信義區菸廠路88號
- +886 2 6636 5888
- MRT 국부기념관(BL17) 5번 출구 도보 10분
- 월-일 11:00-22:00
- 지하주차장 / 유료

map

web

Bu Diao 부댜오

布調
부댜오

'대만미美' 넘치는 파우치와 소품

슬쩍 봐도 '대만스러운' 디자인의 제품을 한자리에 총집합한 가게. 공간은 협소하지만, 선물로 대만 전통 디자인 제품을 고려하고 있다면 쇼핑하기 좋은 곳이다. 대만풍의 꽃무늬 패브릭으로 만든 제품과 컬러풀한 망사 파우치, 전통 방식으로 엮은 가방, 아기자기한 잡화, 소품 등은 예쁘기만 한 것이 아니라 실용적이기도 하다. 하나하나 살펴보면 전통적인 무늬에 현대적인 디자인을 조합한 독특한 제품이 많고, 다양한 색채와 강렬한 꽃무늬가 눈을 즐겁게 한다. 대부분 일상에서 사용할 수 있는 물건이라 사고 싶은 물건을 담다 보면 어느새 장바구니가 두둑해진다. 매장 안쪽에는 대만 전통 인형극인 포대희布袋戱에 사용하는 인형이 전시되어 있는데, 각양각색인 얼굴과 옷이 꽤 섬세하게 표현되어 있다.

- 台北市大安區永康街47巷27號
- +886 2 3393 7330
- MRT 둥먼역(R07, O06) 5번 출구 도보 8분
- 화-목 휴무 / 금-월 11:00-17:00
- 불가

map

web

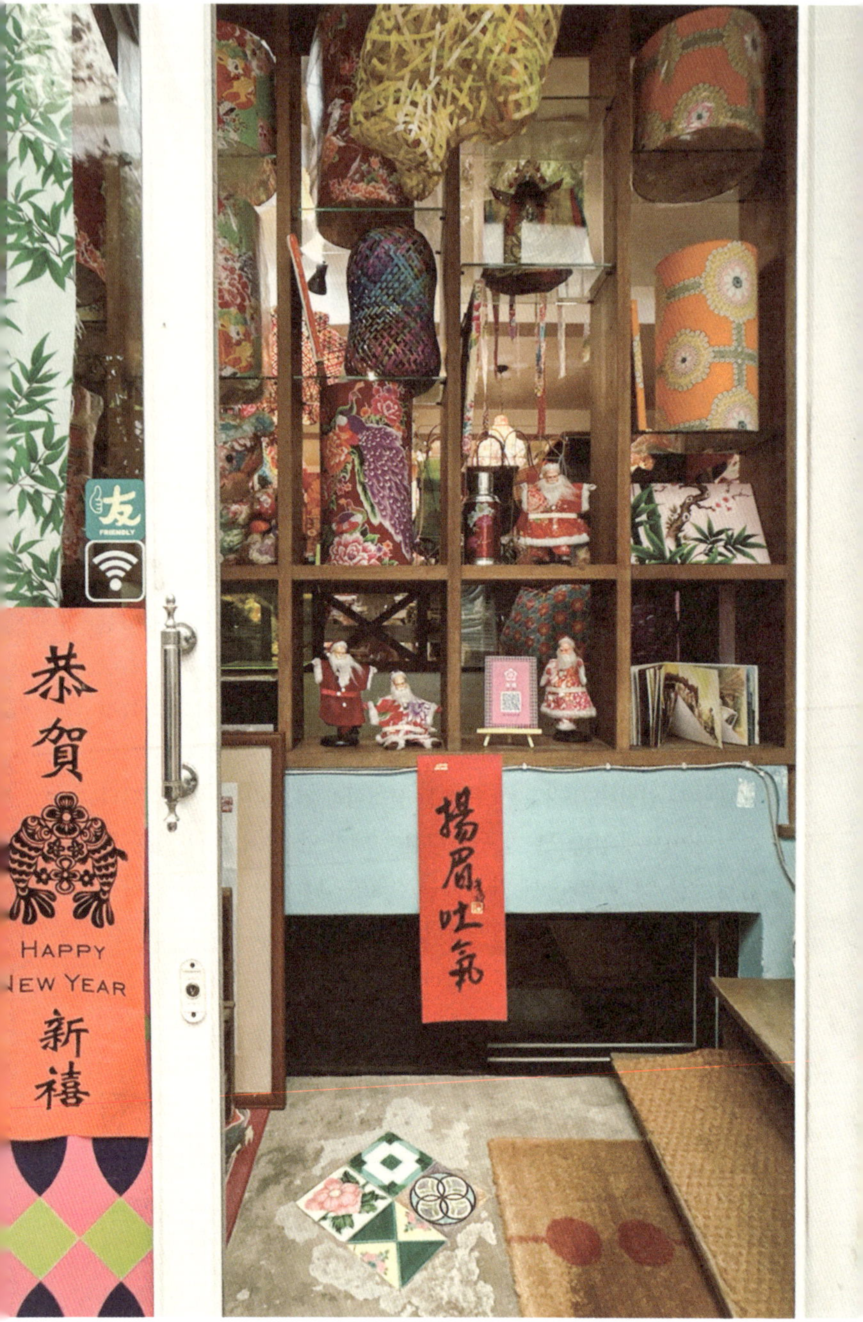
友
FRIENDLY
恭賀
HAPPY
NEW YEAR
新禧
揚眉吐氣

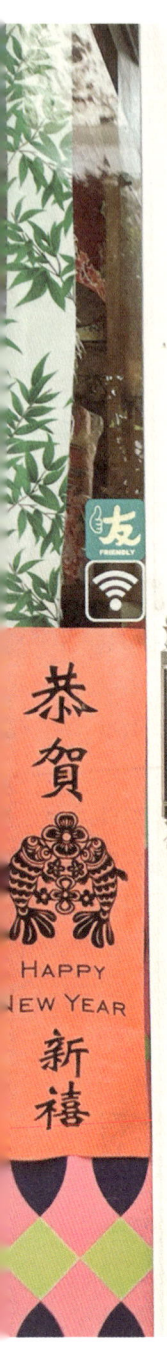

土生土長
토생토장

대만산 고급 식료품 셀렉트숍

식료품에 관심 있는 사람이라면 반길, 숨어 있는 가게를 소개한다. 한국인이 잘 모르는 이곳에는 대만의 맛과 향을 가진 제품이 무척이나 많다. 대만산 원두커피 드립백과 대만차를 넣은 티 초콜릿, 찻잎을 더해 만든 매실절임茶梅, 과일잼, 쌀과자 같은 식료품이 정갈하게 진열되어 있다. 또 대만에서만 나는 마가오馬告(상큼한 레몬 향을 머금은 후추 같은 향신료), 대만산 비정제 사탕수수원당手工蔗糖, 전통식 검은콩간장蔭油清, 식용 건조계화, 다양한 양념과 소금 등 대만 특산 제품과 유기농 제품을 판매한다. 구석구석 호기심을 불러일으키는 것들이 즐비한, 작지만 알찬 가게다.

- 台北市中正區金山南路一段81-4號
- +886 2 2356 4650
- MRT 동먼역(R07, O06) 2번 출구 도보 7분
- 일 휴무 / 월-토 12:00-20:00
- 불가

map

web

Sheng Li General Merchandise

성리성훠바이훠

勝立生活百貨
승립생활백화

현지인의 '다이소'

한국인에게 다이소가 있다면 대만인에게는 승립생활백화가 있다! 생활용품을 판매하는 이곳에는 현지인이 일상에서 사용하는 다양한 물품이 굉장히 많다. 구경하다 보면 대만 사람의 생활상을 들여다보는 느낌이 나서 기대 이상으로 재미있다. 가격도 비교적 저렴한 편이다. 철물점 코너의 공구류, 아기자기한 문구류와 완구류가 있고, 주방용품도 다양하다. 계단을 따라 내려가나 보면 선반에 진열된 레트로 디자인의 탁상시계 등도 눈여겨볼 만하다. 스테인리스로 만든 중국식 숟가락이나 대만 가정에서 많이 신는 고무 슬리퍼拖鞋(발바닥이 닿는 부분은 흰색이고 발등은 빨간색이나 파란색으로 된 제품)도 여기에서 구입할 수 있다.

- 台北市大安區復興南路二段291號
- +886 2 2701 1195
- MRT 테크놀로지빌딩역(BR08) 출구 도보 3분
- 월-일 9:00-23:30
- 불가

map

Da Chun's Soap   다춘롄짜오

大春煉皂
다춘비누

대만의 아로마를 품은 고급 비누

고급 비누 가게 다춘비누의 제품은 모양부터 인상적이다. 비누에 대만 전통 문양을 새기거나 화폐, 동물 등 전통적 상징을 가진 물건의 모양을 그대로 비누로 재현한다. 세안용 차콜비누가 유명하고, 금원보(금으로 만든 말발굽 모양의 화폐) 모양의 샌들우드비누도 향이 무척 좋다. 샴푸바, 플라워워터 미스트, 핸드크림, 아로마 향초와 향수 등 제품 종류가 다양하다. 특히 매장 안에서 비누를 직접 써볼 수 있어 더 편리하게 고를 수 있다. 동물 실험을 하지 않으며, 유기능 인증 원료를 사용한다.

- 台北市大同區迪化街一段234號
- +886 2 2553 3062 / 디화 체험 지점
- MRT 다차오터우역(O12) 1A 출구 도보 10분
- 월-일 10:00-9:00
- 불가

map

web

未來市
미래시

대만과 아시아 각지의 좋은 물건만 모아 모아

대만에서 가장 큰 양조장이었던 곳을 복합 문화 공간으로 재탄생시킨 화산1914(336쪽) 내에 위치한 셀렉트숍이다. 디자인 소품과 문구, 식기, 액세서리, 식품 등 대만의 예쁘고 귀엽고 아기자기한 물건이 다 모여 있다. 일본 제품이 많은 편이고, 아시아 브랜드의 팝업 스토어도 자주 열린다. 그냥 들어갔다가 홀린 듯 뭔가를 사서 나오는 신기한 곳이다.

- ⊙ 台北市中正區八德路一段1號華山1914創意文化園區中1A(화산1914 내)
- ☎ +886 2 2395 5178 / 화산 지점
- 🚇 MRT 산다오사역(BL13) 6번 출구 도보 7분, 중샤오신성역(BL14, O07) 1번 출구 도보 5분
- 🕐 월-일 11:00-21:00
- Ⓟ 지하주차장 / 유료

map

web

Little Garden   샤오화위안셰좡

小花園鞋莊
소화원

고전적인 대만 스타일 자수 구두 가게

대만식 자수 신발 전문점으로 컬러풀하고 멋진 수가 놓인 새틴 플랫 슈즈나 메리제인 슈즈, 실내화를 구입할 수 있다. 가게는 작지만 다양한 디자인과 종류를 갖춘 곳으로, 중국풍 디자인을 좋아한다면 추천하는 가게. 어린이용 치파오와 귀여운 자수 핀 배지, 똑딱이 동전 지갑도 있다.

- 台北市大同區南京西路237號1樓
- +886 2 2555 8468
- MRT 베이먼역(G13) 3번 출구 도보 7분
- 월-일 9:30-19:00
- 불가

map

web

대만 자수 신발

手工包房
피겨21

가죽 소품과 가방

매장에 들어서면 가죽 냄새가 폴폴 나는 핸드메이드 가죽 공방이다. 가죽 가방, 지갑, 키링, 필통, 북커버, 생활소품 등 다양한 용도의 가죽 제품을 취급한다. 물건마다 그에 어울리는 가죽 종류를 사용하며, 검정색, 갈색, 카키색, 베이지색 등 컬러도 다양하다. 아담한 공간에 오밀조밀하게 진열이 잘 되어 있다. 융캉제를 조금 벗어난 호젓한 주택가에 있어 산책 겸 구경하기 좋다.

⦿ 台北市大安區永康街61巷6-1號
℃ +886 2 2358 7285
⊜ MRT 동먼역(R07, O06) 5번 출구 도보 10분
⏰ 일-월 휴무 / 화-금 1200-20:00 /
토 12:00-19:00
Ⓟ 불가

map

web

mise en Plants   미장플랜츠

미장플랜츠

대만 유기농 향신료와 비건 베이커리

비건 레스토랑 플랜츠(122쪽)에서 운영하는 도시형 슈퍼마켓. 비건 베이커리, 열을 가하지 않는 로푸드 케이크, 자체적으로 만든 양념이 유명하다. 특제 대만 양념브랜드 야식주방野食廚房 WAGI 중에서 콩을 쓰지 않은 현미된장糙米活味噌, 현미간장糙米醬油, 마가오금귤 칠리소스馬告金柑辣椒醬, 시소매실 칠리소스紫蘇梅辣椒醬 등이 대표적이다. 이 외에도 비건 치실, 세제 등 생활용품과 유기농 식재료 등을 판매한다. 좀 더 특별한 대만 식재료가 궁금하다면 들러서 구경해보자.

- 📍 台北市大安區大安路一段169巷9號
- 📞 +886 2 2704 8136
- Ⓜ MRT 다안역(R05, BR09) 6번 출구 도보 10분
- 🕐 월 휴무 / 화-일 11:00-19:00
- Ⓟ 불가

map

web

來好
라이하오

대만 테마의 귀엽고 기발한 셀렉트숍

융캉제의 대표적인 기념품 셀렉트숍에는 없는 게 없다. 다기, 식기, 대만차, 건과일, 과자, 비누, 엽서, 지갑, 배지, 스티커, 에코백, 생활용품, 목욕용품 등 대만 기념품 종류가 모두 모여 있다. 선물용이 아니어도 갖고 싶어질 만큼 센스 있고 귀여운 물건, 대만 느낌이 물씬 풍기는 제품이 가득하다. 구경하는 재미가 쏠쏠한 곳이다. 한국어로 적힌 설명이 있어 편리하다.

- 台北市大安區永康街6巷11號
- +886 2 3322 6136 / 융캉 지점
- MRT 동먼역(R07, O06) 5번 출구 도보 3분
- 월-일 9:30-21:30
- 불가

map

web

넷

부담 없이 살 수 있는 대만 SPA 브랜드 의류

대만의 저가 의류 브랜드로 지점이 여러 군데에 있다. 무난한 디자인이 많고, 날씨가 더운 탓인지 여름옷은 냉감 소재를 사용하는 등 더위에 신경 써서 만든다. 여성복, 남성복, 아동복, 유아복 등이 있고 할인 행사도 많다. 매장 규모가 큰 편인데, 종류에 따라 층별로 구분되어 쇼핑하기 편하다. 여행 중 갑작스레 옷이 필요할 때 무척 유용한 곳이다.

- ⦿ 台北市大安區信義路二段168號
- ☏ +886 2 3393 6006 / 신이3 지점
- 🚇 MRT 둥먼역(R07, O06) 5번 출구 앞
- 🕐 월-일 11:00-22:00
- Ⓟ 불가

map

web

誠品書店 the eslite bookstore

SHOKZ
SHOKZ
Redefining the Sound of Sports
OPENRUN PRO 2
ABBA

Eslite R79 Store

誠品R79店
성품R79점

지하상가에서 즐기는 문화생활

중산역 지하도(쌍롄역 방향)에는 대만에서 제일 기다란 서점과 레코드점, 문구점이 나란히 늘어서 있다. 모두 성품 그룹에서 운영하는 매장이다. 서점에는 시집과 인문학 서적이 풍부하게 구비되어 있고, 레코드점에서는 지정된 곡이나 음반을 청음할 수 있다. 문구점에는 문구뿐만 아니라 소품 등의 다양한 물건이 진열되어 볼거리가 많다. 특히 문구점 한편에 한자와 영어 활자를 스탬프로 찍어 명함을 만드는 코너가 눈길을 사로잡는다. 좁은 공간의 한계가 있지만 편하게 들락날락하기 좋다는 것이 장점인 곳이다. 참신한 기획전을 자주 하는 편이므로 중산역 지하철역을 이용할 때 둘러보길 권한다.

- 台北市大同區南京西路16號B1
- +886 2 2563 9818
- MRT 중산역(G14, R11) 역 내 지하도
- 월-일 10:00-21:30
- 불가

map

web

TAIWAN BUSSAN   타이완우찬

台灣物產
대만물산

타이베이를 추억할 기념품은 이곳으로

대만을 콘셉트로 한 귀여운 제품은 모두 여기에 있지 않을까? 대만 디자인 문구, 잡화, 타이베이 여행 기념품을 모아놓은 곳이다. 대만물산이 자리한 곳은 1917년에 완공된 왓슨스 A S WATSON & Co. 건물이다. 고개를 들어 왓슨스대약방屈臣氏大藥房이라고 써 있는 고풍스러운 간판을 찾으면 곧 대만물산이 눈에 띈다. 이곳에는 대만 고건물을 모티브로 한 기념품, 만두 모양 다기 세트, 휴대용 컵홀더, 키링, 핀 배지, 마스킹테이프 등 아기자기한 제품들이 모여 있다. 수박, 레몬, 포도 등 과즙으로 만든 대만 과일 아이스바도 판매하니 주목!

- 台北市大同區迪化街一段34-1號
- +886 2 2552 1853
- MRT 베이먼역(G13) 3번 출구 도보 10분
- 월-일 10:00-19:00
- 불가

map

web

YEAH Bookstore 융예수뎬

永業書店
영업서점

소소하지만 한 번쯤 가보고 싶은 다른 나라 문방구

'학교 앞 문방구 구경'을 타이베이에서 즐겨보자. 각종 문구류, 냉장고 자석, 스티커, 키링, 장난감 등 평범한 물건들이 한국과 비슷해 보이면서도 다른데, 그 차이를 발견하는 재미가 있다. 특히 스티커나 소품에 빨간색을 많이 사용하는 점이 눈에 띈다. 여러 가지 물건들 틈에서 의외로 꼭 필요했던 생활용품을 발견할지도! 지하에도 매장이 있고, 융캉제 쇼핑가와 식당가가 가까워 슬쩍 들르기 좋다.

- 台北市大安區永康街6巷16號
- +886 2 2322 5451
- MRT 둥먼역(R07, O06) 5번 출구 도보 3분
- 월-일 9:00-22:30
- 불가

map

Gaojian   가오젠퉁뎬

高建桶店
고건통점

대만 장바구니와 레트로 주방 소품

대만 기념품으로 빠질 수 없는 컬러풀한 망사시장 가방을 판매하는 곳이다. 레트로한 디자인이 독특해서 선물용으로 인기가 좋은 제품이다. 꽤 튼튼해서 쇼핑백으로도 유용하다. 줄무늬 프린트의 종류도, 색깔도, 사이즈도 다양하다. 대나무 바구니 등 수공예품과 식기, 대나무 찜기 같은 주방 도구도 판매한다.

- ⊚ 台北市大同區迪化街一段204號
- ☏ +886 2 2557 3604
- 🚇 MRT 다차오터우역(O12) 1A 출구 도보 12분
- ⓛ 월-일 9:00-19:00
- ⓢ 가방 35NTD부터 시작
- ⓟ 불가

Grandma's Kitchen   다화항

大華行 竹木造咖
대화행

귀여운 장바구니와 대나무로 만든 감성 소품

고건통점高建桶店(318쪽)과 비슷한 대만 시장가방이지만 귀여운 패치를 붙이거나 휴대용 컵 홀더가 따로 있는 등 쓰임새를 갖춘 디자인 제품이 좀 더 많다. 지퍼가 달리고 바닥면이 넓게 디자인된 제품도 있고 배색도 다양해 취향에 따라 고를 수 있다. 대나무 칫솔, 빨대, 목제 주방 기구와 그릇도 판매한다. 고건통점보다 가방이 약간 비싸지만, 때에 따라 세일 상품도 있으니 잘 살펴보자.

- ⊙ 台北市大同區迪化街一段161號
- ☏ +886 2 2553 0482
- 🚇 MRT 다차오터우역(O12) 1A 출구 도보 12분
- 🕐 월-일 11:00-19:00
- 💲 가방 45NTD부터 시작
- Ⓟ 불가

map

web

대만 시장 가방 · 주방 소품

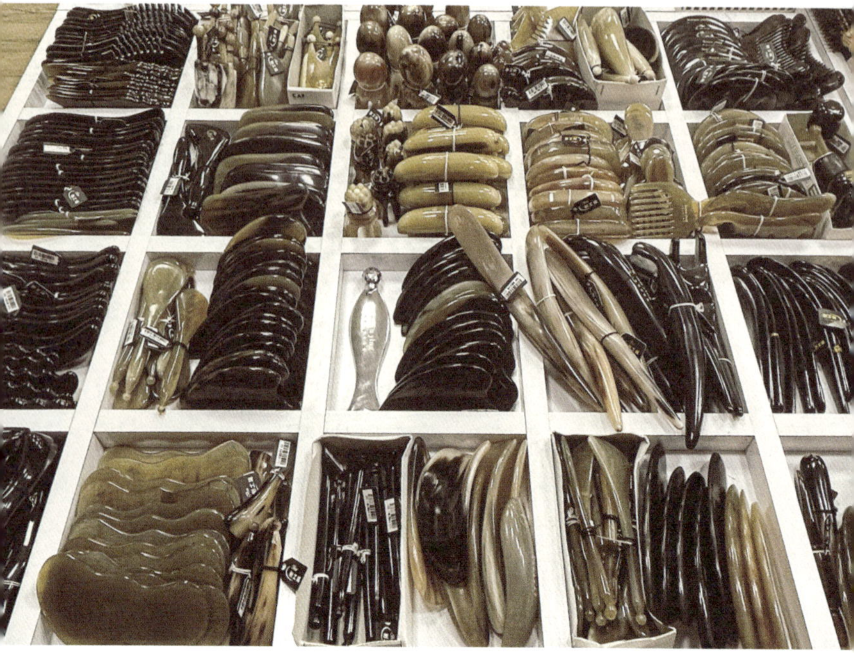

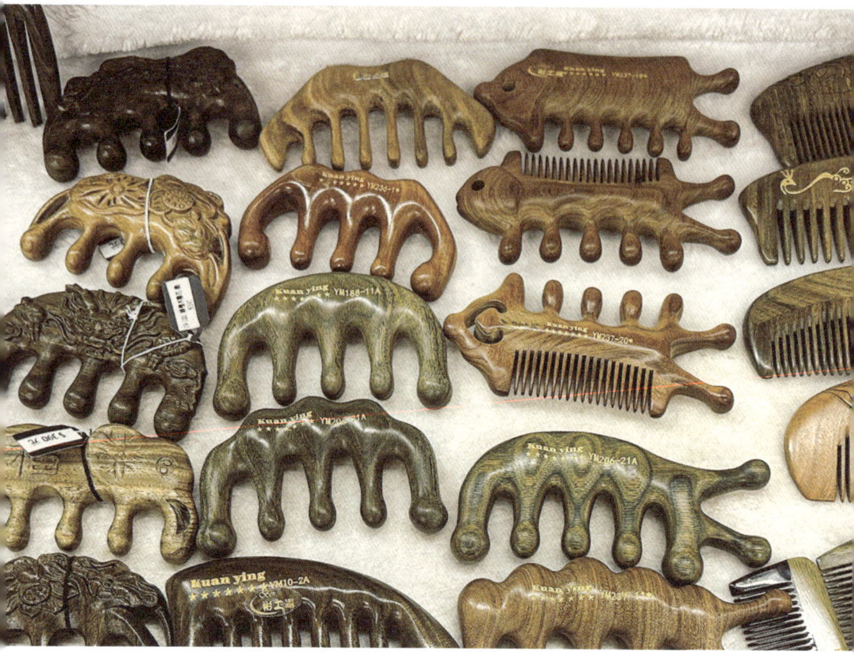
Kuan ying YM188-11A
Kuan ying YM206-21A
Kuan ying YM10-2A

Ben   빈궁창

彬工場
빈공장

좋은 괄사와 빗 등 그루밍 용품

타이베이역에서 중산역을 거쳐 쐉롄역까지 이어지는 중산지하상가는 여성 의류, 화장품, 액세서리, 생활잡화, 불교용품, 음료 가게, 식당으로 북적인다. 타이베이역 R1 출구 근처부터 구경하면 된다. 걷다 보면 햇빛이 들어오는 휴식 공간도 있고, Y구역 타이페이시티몰Taipei City Mall로 가면 가챠뽑기도 할 수 있다. 그리고 중산지하상가 내 R4 출구 근처에는 마사지 마니아라면 꼭 들러야 할 곳이 있다. 주로 녹단나무나 천연 물소뿔로 만든 괄사, 지압봉, 머리빗 및 샴푸 브러시, 각종 미용용품을 취급하는 빈공장이다. 200-400NTD의 적당한 가격에 각양각색의 괄사 등 마사지 도구를 살 수 있다.

📍 台北市大同區長安西路52-1號B1
(中山地下街A31號 중산지하상가A31호)
📞 +886 2 2558 5728 / 중산 지점
🚇 MRT 타이베이역(BL12, R10)에서 이어지는 중산지하상가 내
🕐 월-일 11:00-22:00
🅿 타이베이역 지하주차장 / 유료

map

Kavalan Whiskey Showroom   거마란웨이스지

噶瑪蘭威士忌
카발란 위스키 쇼룸

인기 대만 위스키의 아로마

박찬욱 감독의 영화 「헤어질 결심」에 등장한 대만 위스키 카발란의 쇼룸이다. 타이베이 근교 이란宜蘭에 있는 카발란 증류소를 견학하면 더 좋지만, 시간이 없다면 카발란 위스키 쇼룸을 들러보자. 한정판 제품이나 한국에서 구하기 어려운 품목, 패키지가 다른 제품을 볼 수 있다. 미니어처, 바이알, 전용 잔 등도 판매한다. 유료 시음도 있고 여권을 지참하면 택스리펀드도 가능하다. 단, 대한민국 주류 반입 규정에 따라 1인당 2L 이하의 용량, 400USD 이하의 주류만 택스리펀드가 가능하다. 2025년 3월부터는 병 수 제한이 없어져 샘플러 등 작은 제품도 여러 병 가져올 수 있다.

- ⊙ 台北市大安區復興南路二段49號
- ☎ +886 2 2707 5938 / 푸싱난 지점
- Ⓜ MRT 다안역(R05, BR09) 5번 출구 도보 4분
- ⏱ 월-일 12:00-20:30
- Ⓟ 불가

map

web

必去之處

타이베이를
기록하는
특별한 장소

포토 스폿 &
힙 플레이스

Hip Place

PAR STORE   파스토어

파스토어

키치한 굿즈와 음반으로 가득 찬 공간

힙하고 트렌디한 곳을 찾는다면 파스토어에 가보자. 이곳은 밴드 혁오와의 협업으로 한국에서 잘 알려진 대만 밴드 선셋 롤러코스터Sunset Rollercoaster와 일본 밴드 서니데이 서비스Sunny Day Service, 그 외 해외 아티스트의 LP, CD, 카세트테이프, 굿즈 등을 판매하는 서브컬처 편집숍이다. 기발한 프린트의 티셔츠나 소품, 재미있는 밈이 인쇄된 스티커, 디자인 포스터, 독립출판사의 잡지 등 보고 즐길 거리가 많다. 감각적이고 독특한 물건으로 가득 찬 이 공간은 개성 있는 가게가 많은 츠펑제赤峰街 거리에 있다.

- 台北市大同區赤峰街3巷1號B1
- MRT 중산역(G14, R11) 5번 출구 도보 3분
- 월-목 14:00-20:00 / 금-일 14:00-21:00
- 불가

map

web

음반 ◦ 서브컬처 편집숍

Songshan Cultural and
Creative Park

쑹산원촹위안취

松山文創園區
송산문화창의공원

풀숲과 연못과 정원이 어우러진 문화공간

일제 강점기의 담배 공장 건물 여러 채와 부지를 문화공간으로 조성한 송산문화창의공원. 낮에는 산책하며 구경하기 좋고 밤에는 아름다운 야경을 감상할 수 있는 곳이다. 옛 공장 건물에서는 주로 국내외의 창의적인 전시와 이벤트가 열리고, 대만의 젊은 디자이너들이 만든 의류나 액세서리, 소품을 구경할 수도 있다. 무성한 녹음 사이로 오리가 노니는 연꽃 연못이 있고, 고풍스러운 분수가 놓인 바로크식 정원도 있다. 주말에는 활기찬 분위기의 플리마켓을 즐겨보자.

- ⊙ 台北市信義區光復南路133號
- ⓒ +886 2 2765 1388
- Ⓜ MRT 국부기념관역(BL17) 5번 출구 도보 7분
- ⓒ 월-일 8:00-22:00
- ⓟ 지하주차장 / 유료

map

web

Not Just Library

不只是圖書館
낫저스트라이브러리

체험형 도서관

지은 지 80년이 넘는 옛 담배 공장의 직원용 목욕탕이던 공간을 개조해 도서관으로 만들었다. 패션, 예술, 건축 등 디자인 전문 서적을 풍부하게 갖추고 있고 각종 전시도 열린다. 실내화를 신고 들어가면 잘 정리된 책장이 보이고, 책을 읽을 수 있는 여유로운 공간이 나온다. 책을 둘러보다 보면 오래된 타일로 장식한 커다란 욕탕과 마주치게 되는데, 구석구석에 앉을 곳이 있어서 마치 책 읽는 목욕탕 같다. 공간을 따라가면 작은 정원도 만날 수 있다. 내부에서만 들어갈 수 있는 이곳은 예쁜 꽃과 풀이 가득해 비밀의 화원 같은 느낌을 준다. 티켓은 50NTD로 건물 A6 O102에 위치한 티켓 카운터에서 판매한다. 같은 티켓으로 옆에 있는 대만디자인박물관 Taiwan Design Museum도 입장할 수 있다.

- 台北市信義區光復南路133號松山文創園區 A7 W104 (송산문화창의공원 내)
- +886 2 2745 8199
- MRT 국부기념관역(BL17) 5번 출구 도보 7분
- 월 휴무 / 화-일 10:00-18:00
- 지하주차장 / 유료

map

web

도서관

Huashan 1914 Creative Park   화산1914원화창이찬예위안취

華山1914文化創意產業園區
화산1914 문화창의산업원구

생동하는 대만 문화를 경험하는 공간

일제 강점기의 양조장이었던 고건물을 리뉴얼한 도심 속 문화공간이다. 전시장, 영화관, 라이브 공연장, 생활소품점, 서점, 레스토랑, 카페 등으로 구성되어 있고, 주말에는 플리마켓이 열린다. 건물 뒤편에 있는 중앙예문공원(中央藝文公園 Central Art Park)에서는 주말마다 희망광장농민시장(希望廣場農民市集 Taipei Hope Plaza Farmers Market)이 열리는데, 현지의 과일과 먹거리, 특산물을 파는 파머스마켓을 경험할 수 있다(토-일 10:00-18:00). 공원을 나오면 곧바로 타이베이를 관통하는 도로인 시민대도(市民大道 Civic Boulevard)가 눈앞에 펼쳐진다.

- 台北市中正區八德路一段1號
- +886 2 2358 1914
- MRT 산다오사역(BL13) 6번 출구 도보 7분, 중샤오신성역(BL14, O07) 1번 출구 도보 5분
- 월-일 11:00-21:00(실외 공간 24시간 개방)
- 지하주차장 / 유료

map

web

희망광장농민시장

web

복합 문화 공간。파머스마켓

Legacy Taipei · 촨인웨잔옌쿵젠

傳音樂展演空間
레거시타이베이

대만 인디 음악의 현장

타이베이의 메이저 공연장 중 하나인 레거시타이베이는 규모가 크지는 않지만 국내외 유명 밴드가 거쳐가는 관문이다. 한국 밴드는 아도이ADOY, 웨이브 투 어스Wave To Earth, 해외 뮤지션은 파슬스PARCELS, 카마시 워싱턴Kamasi Washington 등이 이곳에서 공연했다. 공연에 따라 입장료가 다르지만 규모상 아주 비싸지는 않은 편이다. 공연은 온라인으로 예매가 가능하고, 현장 판매는 공연 2시간 전부터 현금으로만 결제할 수 있다. 인스타그램에 공연 일정이 올라오니 여행 날짜에 맞춰 확인하면 된다. 여행 중에 좋아하는 뮤지션의 공연이 겹친다면 금상첨화다.

Ticket

- 台北市中正區八德路一段1號華山1914創意文化園區中5A(화산 1914 내)
- +886 2 2395 6660
- MRT 산다오사역(BL13) 6번 출구 도보 7분, 중샤오신성역(BL14, O07) 1번 출구 도보 5분
- 토-일 휴무 / 월-금 10:00-19:00
- 지하주차장 / 유료

map

web

SPOT Huashan Cinema　　　　　　　　　　광뎬화산뎬잉관

光點華山電影館
스폿화산시네마

중화권 감독 기획전이 자주 열리는 예술영화관

허우샤오센 감독이 주도하는 대만영화문화협회가 경영 관리하는 예술영화관이다. 중화권 영화 기획전이나 페스티벌도 자주 열리며, 대만의 옛 영화를 디지털 복원판으로 종종 소개하기도 한다. 주로 예술영화와 고전영화를 상영하는데, 시기에 따라 상영작이 다르다. 영화와 관련된 책이나 굿즈, 그 외의 소품 등을 파는 기념품숍과 커피숍인 카페뤼미에르珈琲時光에도 들러보자. '카페뤼미에르'는 허우샤오센이 연출한 영화 제목이기도 하다. 티켓 가격은 270NTD 정도.

📍 台北市中正區八德路一段1號華山1914
創意文化園區中6(화산 1914 내)
📞 +886 2 2394 0622
🚇 MRT 산다오사역(BL13) 6번 출구 도보 7분,
중샤오신성역(BL14, O07) 1번 출구 도보 5분
🕐 영화 상영 시간에 따라 다름
🅿 지하주차장 / 유료

map

web

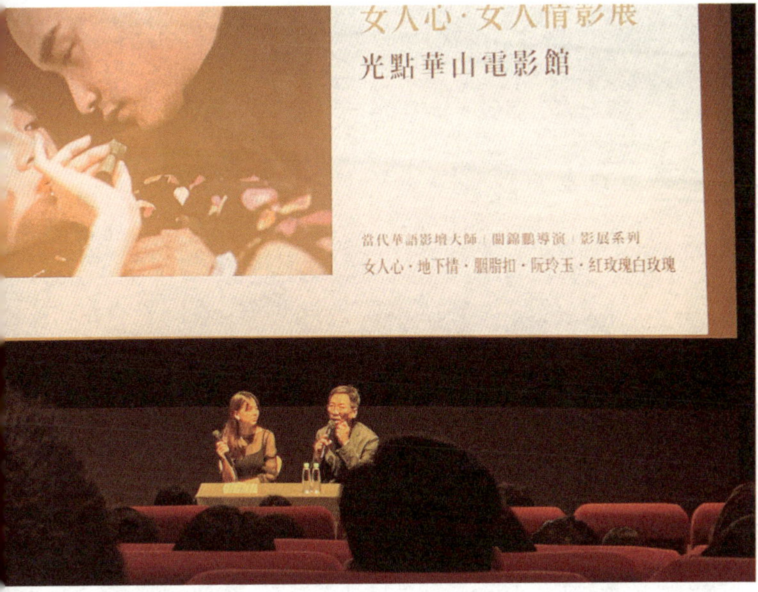
女人心·女人情影展
光點華山電影館
當代華語影壇大師 | 關錦鵬導演 | 影展系列
女人心·地下情·胭脂扣·阮玲玉·紅玫瑰白玫瑰

光點華山電影館
SPOT-HUASHAN CINEMA
1F A One 廳
片名:Flowers of Shanghai
海上花 經典修復(普)
時間:2019/12/25 15:00(三)
座位:3排 1號
票別:片商
票價:220(片)
NO.S 00757340

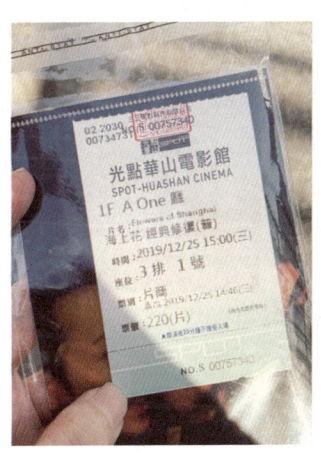

Taipei Brick House

華山紅館
화산홍관

고풍 건물에서 열리는 다양한 이벤트와 전시

화산1914 안에 있는 붉은 벽돌의 고건물은 자칫하면 그냥 지나치기 쉽지만 꼭 들어가보자. 여인초 등의 풍성한 풀과 나무가 어우러져 사진을 찍으면 대만 느낌이 물씬 느껴진다. 재미있는 전시가 자주 열리는데, 프라이빗한 다회나 넷플릭스 드라마 이벤트, '무협의 진설 김용(중국의 무협소설 작가)' 등의 전시가 개최되기도 한다.

- 台北市中正區八德路一段1號華山文創園區中4B, 2樓之3(화산 1914 내)
- +886 2 2771 1114
- MRT 산다오사역(BL13) 6번 출구 도보 7분, 중샤오신성역(BL14, O07) 1번 출구 도보 5분
- 월-일 11:00-19:00
- 지하주차장 / 유료

map

web

Taipei Botanical Garden 타이베이즈우위안

臺北植物園
타이베이식물원

남국의 숲속 정원

약 2,000여 종의 식물을 보유한 식물원에는 다육식물구, 양치식물구, 대나무숲, 야자수정원, 생강정원, 연꽃 연못, 온실 등이 있다. 특히 선인장을 비롯한 다육식물과 무성한 야자수가 남국의 패기를 보여준다. 식물에는 이름과 설명이 적힌 팻말이 설치되어 대부분 어떤 식물인지 알 수 있어서 좋다. 한국과 수종이 달라 대만에 온 것을 실감할 수 있는 장소다. 새들의 서식지이기도 해서 사진을 찍거나 탐조 활동을 위해 방문하는 이도 많다. 산책로와 데크, 물길 등이 잘 조성된 덕분에 천천히 산책하며 고요하고 이국적인 도심 속 숲속을 체험할 수 있다. 이른 시간에는 현지인이 식물원을 통과해 출근하는 모습을 볼 수 있는 곳이다. 단, 식물이 많은 만큼 모기도 많으니 반드시 모기 기피제를 준비하자. 입장료는 무료다.

- 台北市中正區南海路53號
- +886 2 2303 9978
- MRT 샤오난먼역(G11) 3번 출구 도보 5분
- 월-일 6:00-20:00
- 불가

map

web

식물원

Huajiang Housing Complex

華江整宅社區
화강정택사구

원형 회전교차로, 구름다리, 다섯 동의 건물

걸그룹 뉴진스의 노래 'How Sweet'의 뮤직비디오와 대만 드라마 「유생지년有生之年」의 촬영지로 유명하다. 동그란 로터리를 둘러싼 다섯 동의 건물, 그 건물들을 연결해주는 독특한 구조의 구름다리와 로터리의 중심을 가로지르는 고가도로까지 모든 광경이 신기한 곳. 본 적 없는 둥그런 구조가 낯설지만, 낡고 사람 사는 냄새가 물씬 풍기는 이 공간은 한국의 옛날 아파트와도 비슷해 보인다. 구석구석 돌아다니며 사진을 찍으면 공간이 주는 분위기 덕분에 로컬 느낌과 빈티지한 맛이 살아 있는 결과물이 나온다. 용산사에 간 김에 산책 겸 둘러보기 좋다. 단, 현지인이 실제로 거주하는 곳이니 너무 떠들거나 소란스럽게 하지 않도록 주의해야 한다.

- 台北市萬華區和平西路三段296號
- MRT 용산사역(BL10) 1번 출구 도보 10분

map

Sin Hong Choon Tea Museum 신팡춘차항

新芳春茶行
신팡춘차행

100년 전 대만차는 어떻게 만들어졌을까?

차 관련 기획전이 연중 열리는 대만차 박물관. 1934년에 지어진 이곳은 동서양 건축 양식이 혼재된 3층짜리 건물로, 과거에 차를 제조하고 판매했던 곳이다. 지금은 문화재로 지정되었다. 대만차 수출 부흥기에 이곳 다다오청(디화제 일대)에는 차 회사들이 모여 있었는데, 세다하던 공간을 잘 보존한 덕분에 현재에도 전통 제다 과정을 엿볼 수 있게 되었다. 1층에는 다구와 제다 과정 상설 전시가 열리고, 2층은 옛날 느낌의 찻집과 함께 당시의 차 회사도 잘 재현되어 있다. 특히 1층 안쪽 붉은 벽돌로 꾸민 작은 정원에도 꼭 들르고, 입구의 기념 스탬프도 잊지 말고 찍어보자. 국내 OTT에서 서비스하는 대만 드라마「차금茶金」에 이 일대가 등장하는데, 이 드라마를 흥미롭게 본 사람이라면 들러봐도 좋은 곳이다. 입장료는 무료다.

- ⓟ 台北市大同區民生西路309號
- ☎ +886 2 7756 3910
- 🚇 MRT 다차오터우역(O12) 2번 출구 도보 12분
- 🕐 월-화 휴무 / 수-일 10:00-18:00
- Ⓟ 불가

Taipei Fine Arts Museum　　　　타이베이스리메이수관

臺北市立美術館
타이베이시립미술관

대만 당대 미술을 직관

주로 국내외 현대 미술을 전시하는 타이베이시립미술관에서는 전시를 관람할 수 있을 뿐만 아니라 전시에 따라 다양한 예술 체험이 가능하다. 특히 한국에서 접하기 어려운 대만 아티스트의 작품을 만날 수 있다는 것이 큰 장점이다. 미술관뿐만 아니라 지하 1층에는 식물로 둘러싸인 자갈밭 중정이 있는데, 훌륭한 포토 스폿이니 꼭 들러보자. 곳곳에 앉을 데가 있고 지붕이 있어서 비가 와도 사진 찍기 좋다. 밖으로 나가면 낮게 나는 비행기가 많이 보이는데, 미술관 근처에 송산공항이 있기 때문이다. 지하철역에서 미술관으로 가는 길에 타이베이에서 가장 유명한 5성급 호텔이자 예능프로 '꽃보다 할배 대만편'에 나왔던 원산대반점호텔도 볼 수 있다. 입장료는 30NTD이지만 토요일 오후 5시 30분부터는 무료로 개방한다.

- ⓟ 台北市中山區中山北路三段181號
- ⓒ +886 2 2595 7656
- Ⓢ MRT 위안산역(R14) 1번 출구 도보 10분
- Ⓛ 월 휴무 / 화-금, 일 9:30-17:30 / 토 9:30-20:30
- ⓟ 지상주차장 / 유료

map

web

Xiahai City God Temple　　　타이베이샤하이청황먀오

台北霞海城隍廟
타이베이하해성황묘

디화제의 월하노인은 나의 반쪽을 찾아줄 수 있을까?

짝을 찾고 싶은 솔로라면 타이베이하해성황묘의 '인연을 맺어주는 신'인 월하노인에게 인연을 점지해 달라고 빌 수 있다. 꽤 효험이 있다고 소문이 나서 많은 사람이 배우자나 연인을 찾기 위해 기도를 드리러 온다. 입구 쪽에서 금종이와 향 세트(50NTD)를 산 후에 순서대로 여기저기 돌아다니며 기도를 하는데, 원한다면 부적을 살 수도 있다. 그런 다음 직원이 안내하는 대로 하면 된다. 이후에 인연을 만난 사람은 사원을 다시 찾아 사원 앞에서 파는 답례쿠키喜餅를 공양해야 한다고 한다. 본인 말고도 원하는 커플을 응원할 수 있고, 성황 할아버지城隍爺나 다른 신에게 사업운이나 건강운 등도 빌 수 있다. 기도를 끝내면 바로 옆 융러永樂시장에서 파는 다양한 간식거리도 놓칠 수 없다.

- 📍 台北市大同區迪化街一段61號
- 📞 +886 2 2558 0346
- 🚇 MRT 베이먼역(G13) 3번 출구 도보 10분
- 🕐 월-일 7:00-19:00
- 🅿 불가

map

web

Xinzhongshan Linear Park　　　　　신중산셴싱궁위안

心中山線形公園
심중산리니어파크

타이베이에서 만난 홍대의 걷고 싶은 거리

요즘 타이베이에서 제일 흥하는 곳 중 하나로 조성이 잘된 시티파크다. 경의선숲길처럼 산책할 수도 있고 주변에 중산 카페 거리나 재미있는 가게도 많아 구경하는 재미가 기대 이상이다. 플리마켓과 공연이 열리는 주말에는 거리에 사람이 많아 북적인다. 걷다 보면 귀여운 조형물들과 마주치는데, 자주 바뀌는 편이라고 한다. 밤에는 팬시한 조명이 켜져서 사진 찍기도 좋다. 길을 따라 솽롄역까지 걸어가면 닝샤야시장寧夏夜市이 나온다.

- ⓟ 台北市中山區中山北路二段48巷7號
- ⓒ +886 2 2181 2345
- Ⓔ MRT 중산역(G14, R11) 4번 출구
- Ⓛ 월-일 24시간
- Ⓟ 불가

map

White Wabbit Records 샤오바이투창펜

小白兎唱片
화이트웨빗레코드

대만 음악을 훑어볼 수 있는 레코드점

많은 이들이 화이트'래빗'으로 착각하는 화이트'웨빗'레코드점은 사범대, 스다야시장師大夜市 근처 조용한 골목길에 있다. LP, CD, 카세트테이프 등 실물 음반을 판매하며, MBTI별 음악 추천 등 흥미로운 큐레이션이 끊이지 않는다. 국내외 앨범들을 적지 않게 갖추고 있으며 새소년, 설SURL 등 한국 뮤지션 앨범도 보인다. 들어볼 수 있는 앨범이 꽤 많고, 마샬헤드폰으로 청음할 수 있다. 특히 대만 음악에 관심이 있다면 대만호악단台灣好樂團(대만의 좋은 밴드) 코너를 꼭 체크해보자.

- 台北市大安區浦城街21巷1-1號
- +886 2 2369 7915
- MRT 구팅역(G09, O05) 3번 출구 도보 7분
- 월-일 11:00-21:00
- 불가

Kimotsi 쿠이푸쥐수뎬

奎府聚書店
키모치서점

대만을 이야기하는 한 각종 장르의 책이 있는 곳

대만을 주제로 하는 책을 취급하는 서점. 대만의 역사, 신앙, 지리, 사회 등에 관한 책이 많고, 사진집과 대만 작가의 소설도 있다. 2024년 전미도서상 번역문학상을 수상한 양솽쯔楊双子 작가의 『타이완 만유록』과 2024년 노벨문학상을 받은 한강 작가의 책을 나란히 전시하는 등 시의적절한 큐레이션도 반응이 좋다. 대만에 관심이 있다면 반드시 들러봐야 할 곳. 카페 공간도 마련되어 있다.

- ⓥ 台北市大同區赤峰街41巷5號1樓
- ⓒ +886 2 2558 8029
- ⓜ MRT 중산역(G14, R11) 4번 출구 도보 5분
- ⓛ 월-일 12:00-22:00
- ⓟ 불가

map

web

SPOT Taipei Film House   광뎬타이베이뎬잉관(타이베이즈자)

光點台北電影館(台北之家)
타이베이필름하우스

타이베이의 예술영화관

스폿화산시네마(342쪽)와 마찬가지로 대만영화문화협회가 운영하는 예술영화관이다. 오래된 구 미국대사관 건물을 개조했는데, 흡사 정원이 있는 미국 저택에 방문한 듯한 느낌을 준다. 멀티플렉스보다 스크린 크기가 작고 좌석이 적은 소규모 상영관이며, 티켓 가격은 260NTD 정도다. 1층에 있는 기념품숍에서는 대만 디자인 상품과 영화 관련 서적을 판매한다.

- ⊙ 台北市中山區中山北路二段18號
- ⓒ +886 2 2511 7786
- ⓢ MRT 중산역(G14, R11) 3번 출구 도보 3분
- ⓛ 영화 상영 시간에 따라 다름
- ⓟ 불가

map

web

Daan Forest Park   다안썬린궁위안

大安森林公園
다안삼림공원

타이베이 스타일 피크닉

'타이베이의 센트럴 파크' 다안삼림공원에 가면 한국에서 보기 힘든 나무와 꽃들이 다양한 모양과 향기로 유혹한다. 하늘 높이 뻗은 야자수와 여인초, 울창한 대나무숲, 루피너스와 홍콩란, 진저릴리 등 이국적인 꽃과 나무가 드넓은 공원을 가득 메우고 있다. 식물 외에도 커다란 관음상, 노천공연장, 호수, 잔디밭, 수영장, 농구장, 롤러스케이트장 등 시설이 다양하다. 벤치 등의 앉을 곳도 비교적 많다. 특히 타이베이식물원과 더불어 탐조하는 사람들이 많이 찾는 곳으로, 연못 근처에 가면 공원에서 볼 수 있는 새의 그림과 정보가 안내되어 있다. 이 외에도 주말에는 다양한 행사와 공연이 열리며, 3월 한 달 동안은 진달래꽃 축제가 열리고, 4-5월에는 반딧불을 구경할 수 있다. 공원 규모가 큰 편이라 돌아보면 1시간 이상 소요되니 어느 정도 체력이 있을 때 방문하는 편이 좋다. MRT 역사 내 화장실이 넓다는 점은 알아두면 좋은 팁이다.

- ⓟ 台北市大安區新生南路二段1號
- ☏ +886 2 2700 3830
- 🚇 MRT 다안삼림공원역(R06) 2, 3, 4, 5번 출구
- 🕐 월-일 24시간
- ⓟ 지하주차장 / 유료

map

Jianguo Flower Market
Jade Market

젠궈자르화스위스

建國假日花市玉市
건국주말 꽃시장 옥시장

나무와 돌과 색깔의 향연

주말이 되면 젠궈建國 고가도로 밑에는 현지인으로 북적인다. 평일에는 주차장 겸 도로인 곳인데, 이틀간 고가를 지붕 삼아 꽃시장과 옥시장이 열리기 때문이다. 꽃시장에는 대만 사람들이 좋아하는 향기로운 꽃모종과 나무, 화초, 분재와 함께 다양한 절화와 원예용품을 판매한다. 크고 이국적인 식물을 구경하다 보면 사뭇 다른 것을 파는 매대가 등장한다. 바로 물고기다. 비닐봉지나 투명한 일회용 컵 안에 담긴 관상어가 줄지어 놓여 있다. 이질적이고 묘한 느낌이 이곳이 진짜 로컬시상임을 상기시킨다. 횡단보도를 사이에 두고 이어진 옥시장에는 옥, 비취, 수정, 마노 같은 옥석류 외에도 다구, 불교용품, 향 등 온갖 물건이 모여 있다. 진정한 로컬 명소인 두 시장은 현금 결제만 된다.

- 台北市大安區信義路三段100之1號
- 꽃시장 +886 2 2702 6493
- 옥시장 +886 939 918 889
- MRT 다안삼림공원역(R06) 5번 출구 도보 5분
- 월-금 휴무 / 토-일 9:00-18:00
- 다안삼림공원 지하주차장 / 유료

map

web

주말 꽃시장·옥시장

Taipei Music Center   타이베이류싱인웨중신

臺北流行音樂中心
타이베이음악센터

대만의 음악 애호가가 모이는 곳

콘서트홀과 문화관 등으로 이루어진 문화예술 공연장. 콘서트뿐만 아니라 전시를 진행하기도 하고 공연의 기획부터 제작, 인재 육성, 상연까지 다양한 음악 산업을 도모하는 곳이다. 대규모 음악 공연장 및 라이브 하우스, 팝 음악 전시장 등이 있고, 야외 부지에서는 이벤트도 자주 해 사람들이 많이 모인다. 대만의 음악상인 금곡장(金曲獎 Golden Melody Awards) 시상식 등이 열리기도 한다. 밤이 되면 색깔이 계속 바뀌는 건물의 조명도 멋지다. 야외 행사나 플리마켓, 퍼포먼스 공연 등이 있는 주말에 방문하길 추천한다.

- 台北市南港區市民大道八段99號
- +886 2 2788 6620
- MRT 쿤양역(BL21) 4번 출구 도보 10분
- 월 휴무 / 화-일 10:00-18:00
- 지하주차장 / 유료

map

web

Taipei Music Center
Cultural Cube

타이베이류싱인웨중신원화관

臺北流行音樂中心文化館
타이베이음악센터 문화관

대만 대중음악의 지금

대만 팝 음악의 역사와 현재를 아우르는 매력적인 상설 전시 'MUSIC, ISLAND, STORIES: POP MUSIC IN TAIWAN'을 언제든 감상할 수 있는 곳이다. 입장료는 350NTD로 구글맵에 있는 예매사이트 링크에서 구입할 수 있다. 1층 로비에 들어서면 벽면에 빼곡하게 채워진 중화권 가수들의 카세트테이프가 눈길을 끈다. 또 1층에 입점해 있는 다타오 레코드점 大韜黑膠耳機專賣 또한 벽면을 LP로 가득 메워 웅장한 느낌을 준다. 라이브 하우스도 여러 곳이 있어서 다양한 공연이 열린다. 대만 뮤직 신에 주목하는 사람이라면 한번쯤 꼭 들러야 할 장소다.

- ⓟ 台北市南港區忠孝東路七段99號
- ⓒ +886 2 2788 6620
- Ⓜ MRT 쿤양역(BL21) 4번 출구 도보 5분
- ⓒ 월 휴무 / 화-일 10:00-18:00
- ⓟ 타이베이음악센터 지하주차장 / 유료

map

web

다타오 레코드점

Four Four South Village 쓰쓰난춘

四四南村
사사남촌

타이베이의 과거와 현재

군인 가족들이 모여 살던 권촌眷村 안의 건물을 리뉴얼해 관광 명소로 재탄생한 문화공간이다. 디자인 소품과 잡화를 판매하는 숍, 대만 맥주를 맛볼 수 있는 바, 북카페 등 즐길 거리가 다양하다. 권촌 시절의 생활상을 엿볼 수 있는 전시실도 볼거리가 많고, 주말에 열리는 플리마켓도 들러서 구경하기 좋다. 특히 밤이 되면 건물 앞 야트막한 언덕에 올라보자. 화려한 조명의 타이베이 101을 배경 삼아 인생 사진을 남길 수 있다. 매년 12월 31일이면 타이베이 101에서 거대한 불꽃 축제가 열리는데, 바로 근처보다는 이곳에서 구경하는 것이 덜 붐빈다.

- ⓥ 台北市信義區松勤街52號(信義公民會館)B館
- ⓒ +886 2 2723 7937
- ⓜ MRT 타이베이101/세계무역센터역(R03) 2번 출구 도보 5분
- ⓛ 월 휴무 / 화-일 9:00-17:00
- ⓟ 불가

map

복합 문화 공간 ◦ 전시 ◦ 플리마켓 ◦ 포토 스폿

PLAYground

南村劇場・青鳥・有設計

南村劇場・青鳥・有.設計
플레이그라운드

세련된 북카페와 공연

옛 건물에 뮤지컬, 연극, 마술쇼 등 각종 공연을 올리는 공연장과 서점, 북카페, 셀렉트숍이 모여 있다. 공연이 없을 때는 사람이 많은 편은 아니라 북카페에서 혼자 조용히 책을 읽기에 좋은 공간이다. 특히 창문가의 1인 소파 좌석은 방해 없이 아늑하게 책을 보고 싶은 사람에게 안성맞춤이다. 대만 BL 만화 원작의 뮤지컬 낭독 콘서트와 같이 흥미로운 공연이 열리기도 하니 관심이 있다면 홈페이지를 참고해보자.

⊙ 台北市信義區松勤街56號(信義公民會館)D館 (사사남촌 내)
☏ +886 2 2720 0867 / 남촌극장 지점
⊛ MRT 타이베이101 / 세계무역센터역(R03) 2번 출구 도보 5분
⏲ 월-일 10:00-18:00(공연이 있을 때는 시간이 조정됨)
Ⓟ 불가

map

web

Lin An Tai Historical House & Museum　　　　　린안타이구춰

林安泰古厝
임안태고택

청나라 고택과 중국식 정원의 아름다움

청나라 때 지어진 임안태고택은 타이베이에서 제일 오래된 이진사합원(사합원은 네 채의 건물이 마당을 둘러싼 형식이고, 이진사합원은 대문을 통과해 안쪽의 수화문을 다시 거쳐야 안으로 들어갈 수 있는 건축 양식이다) 건물이다. 타이베이 근교 반차오板橋의 임가화원林家花園보다 규모는 작지만 한적해서 저택의 분위기를 여유롭게 즐기기 좋다. 저택 안에 자연을 압축적으로 구현해낸 중국 정원을 만끽하기도 좋으니 넓은 부지의 건물을 다니며 다양한 모양의 창 너머 풍경을 즐겨보자. 또한, 입구에 비치된 스탬프 투어 지도를 꼭 챙겨서 고택 곳곳에 숨어 있는 스탬프를 찍어보자. 장소마다 다른 색의 스탬프를 찍다 보면 어느덧 하나의 그림이 완성되는데, 소소하지만 꽤 뿌듯하다. 정원과 연못을 여유롭게 거닐다가 석가산(돌을 쌓아 만든 정원용 인공산)에 올라가서 사진도 찍어보자. 송산공항을 오가는 비행기가 지나가는 타이밍이 촬영 버튼을 누를 때다. 입장료는 무료다.

- 台北市中山區濱江街5號
- +886 2 2599 6026
- MRT 위안산역(R14) 1번 출구 도보 20분, 중산초등학교역(O10) 4번 출구 도보 18분
- 월 휴무 / 화-일 9:00-17:00
- 불가

map

web

Taipei Rose Garden   타이베이메이구이위안

臺北玫瑰園
타이베이로즈가든

장미의 다양한 색채와 향기

타이베이시립미술관 근처에는 800종 이상의 아름다운 장미를 만날 수 있는 로즈가든이 있다. 역에서는 조금 떨어져 있고 규모가 크진 않지만, 장미뿐만 아니라 다양한 식물을 볼 수 있다. 송산공항과 가까워 이륙하는 비행기를 꽤나 가깝게 볼 수 있는데, 엔진 소리 또한 크게 들린다. 3-4월 사이에는 전 세계의 장미를 모은 장미 축제가 열린다.

- ⊙ 台北市中山區新生北路三段105號
- ☏ +886 2 2585 0192
- 🚇 MRT 위안산역(R14) 1번 출구 도보 20분, 중산초등학교역(O10) 4번 출구 도보 16분
- 🕒 월-일 24시간
- Ⓟ 불가

map

web

女書店
여서점

여성 주제의 독립서점

입구에서부터 버지니아 울프의 초상이 반겨주는 여서점. 이곳은 1994년 문을 열어 30년 이상의 역사를 지닌 중화권 최초의 페미니즘 전문 독립서점 겸 북카페다. 여성 및 여성주의, 젠더 등에 관련된 책을 다루어 대만의 당대 페미니즘 서적이 많다. 이 외에도 한국을 포함한 해외 서적도 갖추고 있어 둘러보기 좋다. 국립대만대 캠퍼스 근처에 있으며 '여성주의 필독서 읽기' 같은 상독회나 강연 등의 이벤트도 자주 열리니 홈페이지를 체크해보자. 카운터에는 뉘수(女書여서) 스티커도 판매 중인데, 뉘수는 고대 중국의 특정 지역에서 여성들만 사용했던 문자로 여서점의 이름과도 겹쳐 흥미롭다.

- ⊙ 台北市大安區新生南路三段56巷7號2樓
- ☎ +886 2 2363 8244
- Ⓜ MRT 궁관역(G07) 3번 출구 도보 10분
- ⓛ 월-토 11:00-21:00 / 일 11:00-19:00
- Ⓟ 불가

map

web

女巫店
여무점

대만대 앞의 라이브 하우스

페미니즘 전문 서점인 여서점(402쪽)의 아래층에는 소규모 라이브 공연장이 있다. 싱어송라이터 정의농鄭宜農 같은 대만의 유명 가수들이 거쳐간 이곳은 대만 인디 신이 발전하는 데 큰 역할을 했다고 한다. 여전히 인디 밴드와 가수의 공연이 끊이지 않으며, 주로 목-토요일 저녁 7시 30분에 공연이 열린다. 인스타그램과 홈페이지에서 공연 스케줄을 확인할 수 있고, 티켓은 공연 30분 전부터 입구에서 살 수 있다. 입장료 500NTD에는 음료가 포함된다. 티셔츠, 에코백, 라이터, 성냥, 피크닉 매트 등의 굿즈도 판매한다. 낮에는 카페로, 저녁에는 공연장으로 운영되는 여무점에 들러 대만 여행의 색다른 추억을 남겨보자.

- ⓥ 台北市大安區新生南路三段56巷7號1樓
- 📞 +886 2 2362 5494
- 🚇 MRT 궁관역(G07) 3번 출구 도보 10분
- 🕐 월-화 휴무 / 수-일 11:00-22:00
- 💲 입장료 500NTD(음료 포함)
- Ⓟ 불가

map

web

Ten Consecutive Buildings of Dihua Street

디화제스롄둥

迪化街十連棟
디화제십연동

길게 이어지는 고풍스런 붉은 벽돌 건물의 아치와 홍등

유서 깊은 디화제 거리에는 100년이 넘는 역사를 가진, 붉은 벽돌 건물 열 채가 늘어서 있다. 이 2층짜리 건물들은 과거 정미소와 재봉실 공장으로 쓰였던 곳으로 중국 전통 양식과 바로크 양식을 결합해 지어졌다. 안으로 들어가면 식당이나 골동품점 등이 있어 고즈넉한 분위기에서 식사를 하거나 둘러보기에 좋다. 붉은 벽돌이 아치형으로 연결된 통로에서 사진을 찍으면 대만 감성이 잘 묻어나 드라마의 한 장면 같은 찰나를 포착할 수 있다. 저녁에는 홍등을 밝혀 운치를 더한다. 차를 소재로 만든 대만 드라마 「차금茶金」의 촬영 장소이기도 하다.

- ⓞ 台北市大同區迪化街一段362號
- ⓒ +886 2 2557 3606
- ⓜ MRT 다차오터우역(O12) 1A 출구 도보 7분
- ⓛ 월-일 11:00-21:00
- ⓟ 불가

map

Longshan Temple 명자룽산스

艋舺龍山寺
용산사

웅장한 사원에서 대만 스타일로 질문 던지기

용산사는 웅장한 사원과 화려한 조명 덕분에 야경으로 유명하지만, 바라는 일이 있을 때 찾아가도 좋다. 입구의 한국어 안내서에는 용산사에서 모시는 신들의 위치와 함께 자세한 설명도 적어놓았다. 이것을 보고 소원의 종류에 맞는 신을 찾아가 기도하면 된다. 근처 노점에서 철사에 엮은 옥란화玉蘭花를 구입해 공물로 얹어놓고(없어도 된다) 기도한 다음, 붉은 반달 모양 나무조각인 자오베이筊杯 한 쌍을 들고 소원이 이루어지는지 물으며 던진다. 자오베이의 평평한 면과 볼록한 면이 각각 나오면? 소원이 이루어진다!

- 台北市萬華區廣州街211號
- +886 2 2302 5162
- MRT 용산사역(BL10) 1번 출구 도보 3분
- 월-일 6:00-22:00
- 용산사역 지하주차장 / 유료

map

web

龍山文創基地
Longshan Cultural & Creative Base
龍山文創基地

影子傳奇劇團(皮
龍山文創基地
Longshan Cultural & Creative Base

Longshan Cultural &
Creative Base

룽산원촹지디

龍山文創基地
용산문창기지

용산사역 지하에서 색다른 문화 체험

문화 창작 활동을 하는 그룹들이 모여 작업실이나 상점으로 입주해 있는 공간이다. 그림자 연극이나 도보 여행 그룹도 있고, 대만 오페라 도서관, 만화 서점, 관악기 전문점과 상점도 있다. 어쩐지 비주류인 오타쿠가 모일 것 같은 장소인데, 독창적이고 개성 있는 창작물을 구경하거나 체험, 강좌, 행사를 즐길 수도 있다. 주로 주말에 이벤트가 열리고 한 달에 한 번 플리마켓도 있다. 상점을 돌아다니며 스탬프를 찍을 수도 있다. 주말이 아니면 좀 썰렁한 분위기지만, 용산사역 지하상가 아래층에 있어 용산사(410쪽)나 류우차사(162쪽)를 찾아간 김에 둘러보기 좋다.

- ⊙ 台北市萬華區西園路一段145號地下2樓
- ☏ +886 2 2302 1598
- 🚇 MRT 용산사역(BL10) 지하상가 아래층
- 🕘 월 휴무 / 화-11:00-19:00
- Ⓟ 용산사역 지하주차장 / 유료

map

web

Taipei Main Station Lobby   타이베이처잔다팅

台北車站大廳
타이베이역 대합실

의자 없는 기차역 대합실

바닥에 커다란 흑백 타일이 교차하는 타이베이역 대합실은 소문난 포토 스폿이다. 유리 천장에서 햇빛이 들어와 거대한 체커보드를 비추는 풍경이 무척 멋있다. 기차를 기다리거나 쉴 때도 바닥에 철퍼덕 앉는 게 대만의 '국룰'이며 앉아서 대만철도도시락(88쪽)을 먹기도 한다. 전시나 이벤트도 자주 열린다.

- ⦿ 台北市中正區北平西路3號
- ☏ +886 2 2311 0121
- ⓜ MRT 타이베이역(BL12, R10) 1층 타이베이 기차역 역사 내
- ⓛ 월-일 4:50-24:15
- ⓟ 지하주차장 / 유료

map

貓空步道
마오쿵 트레일

Maokong Trails 마오쿵부다오

타이베이에서 즐기는 하이킹

마오쿵(마오콩)역 주변에는 하이킹을 할 수 있는 산책로가 많다. 우선 MRT 타이베이동물원역에 내려서 조금 걸어가 마오쿵 곤돌라를 타고 마오쿵역에서 내린다. 타이베이에도 서울 둘레길 같은 트레킹 코스인 타이베이대종주(臺北大縱走 Taipei Grand Trail)가 있다. 총 8개 코스 중 마오쿵역 주변은 여유롭게 산책하듯 하이킹할 수 있고 볼거리도 있어 추천한다. 장수보도(樟樹步道 Camphor Tree Trail), 장호보도(樟湖步道 Zhanghu Trail), 소천공보도(小天空步道 Maokong Sky Walk) 등이 있는데 구글 지도에 'Maokong Trails'를 검색하면 더 자세한 트레일 정보를 볼 수 있다. 길 정비가 잘 되어 있어 걷기 편하고, 대만의 다양한 꽃나무와 차밭 등 자연을 감상힐 수 있다. 카페나 디저트 가게도 있고, 폭포가 유명한 은하동굴銀河洞도 도보로 갈 수 있어 둘러보기 좋다. 타이베이대종주 사이트를 참조해 코스를 짜보자.

- ⊙ 台北市文山區指南路三段38巷35號
- 🚇 마오쿵 곤돌라역(마오콩 케이블카역)에서 도보
- 🕒 월-일 24시간
- Ⓟ 불가

마오쿵 곤돌라
web

장수보도	장호보도
map	map
소천공보도	타이베이대종주
map	web

Bopiliao Historic Block　　　　　　　　　보피랴오리스제취

剝皮寮歷史街區
보피랴오거리

골목길을 걷다 청나라로 타임슬립

대만은 18세기 초 청나라 때부터 일본의 통치를 받던 시기를 거쳐 다양한 건축 양식이 형성되었다. 보피랴오거리는 이러한 역사가 담긴 옛 마을로, 목조 주택과 붉은 벽돌 건물 등 시대가 뒤섞인 건물과 옛날 타이베이의 생활상을 들여다볼 수 있는 장소다. 건물 안에 들어가 구경할 수도 있고, 보피랴오 주변의 역사를 알 수 있는 상설 전시도 재미있다. 기획 전시나 전통 공연 이벤트도 자주 열리니 인스타그램을 체크해보자. 입장료는 무료다.

- 台北市萬華區康定路173巷
- +886 2 2302 3199
- MRT 용산사역(BL10) 3번 출구 도보 5분
- 월 휴무 / 화-일 9:00-18:00
- 불가

map

web

Zhucun Izakaya   주춘쥐주우

竹村居酒屋
주춘이자카야

타이베이 101 배경 사진은 이곳에서

이곳은 실제로 영업을 하는 이자카야로 입구에 걸어둔 홍등 덕분에 소문난 야경 명소가 되었다. 가게와 이어진 좁은 골목 사이에는 타이베이 101이 우뚝 솟아 있다. 검은 밤하늘에 타워의 반짝이는 조명, 운치 있는 이자카야의 건물, 붉은색 불빛이 어우러져 사진을 찍으면 드라마나 애니메이션 속 한 장면처럼 연출된다. 밤이 되면 많은 사람이 몰려들지만, 암묵적으로 차례를 지키며 사진을 찍는다. 제대로 된 장비를 갖추고 전문적으로 촬영하는 외국인도 종종 보인다. 타워에는 월요일부터 일요일까지 무지개색 순서대로 조명이 켜지는데, 현지인은 조명 색을 보고 요일을 알아차린다고 한다. 이자카야 음식 맛도 괜찮다는 풍문이 있다.

- 台北市信義區松仁路253巷1弄2號
- +886 2 2720 7305
- MRT 샹산역(R02) 2번 출구 도보 13분
- 일-목 17:00-24:00 / 금-토 17:00-01:00
- 불가

Ximen Foot Massage   시먼쭈티양성관

西門足體養生館
서문족체양생관

여행의 필수 중간 코스 발마사지

여행 중에 쌓인 피로를 말끔하게 풀어줄 마사지숍을 소개한다. 발, 머리, 어깨, 반신, 전신 등 부위별 마사지와 오일, 핫 스톤, 경락 같은 종류별 마사지, 족탕, 페디큐어 등의 프로그램이 있다. 40-120분 사이의 다양한 코스는 모두 한국어로 표기되어 선택하기 편리하다. 카드 결제가 가능하고 전반적으로 친절하며 마사지도 만족스럽다. '살살' '세게' 등 어느 정도의 한국어 표현이 통하기도 한다. 몇십 분의 마사지로 다음날 하루가 개운하고 가뿐해지는 경험을 해보자.

- ⓟ 台北市中正區中華路一段49號
- ⓒ +886 2 2388 8110
- 🚇 MRT 시먼역(BL11, G12) 5번 출구 도보 3분 혹은 시먼지하상가(西門地下街) 4번 출구 바로 앞
- ⓛ 월-일 9:30-02:00
- ⓟ 불가

map

web

The 1 Bookstore　　　　　　　　　　　　　　　　　　이젠수뎬

一間書店
일간서점

구름 오브제가 있는 북카페

대만 최초의 현대미술관이자 고적지인 타이베이현대미술관Museum of Contemporary Arts, Taipei 맞은편에는 오래된 건물이 자리해 있다. 그 건물은 유스호스텔 '아울스테이 플립 플랍 호스텔 가든OwlStay Flip Flop Hostel Garden'이고, 일간서점은 그 안에 숨어 있다. 그래서 입구도 두 곳이다. 정문은 작은 흰색 간판과 함께 골목에 있고, 호스텔 내부와 연결된 문으로 드나들 수도 있다. 복층으로 뻥 뚫린 실내에 들어서면 커다란 구름 조명과 나선형 계단이 반겨준다. 다양한 장르의 책을 갖춰 구경하기 좋고, 직원이 정성을 들여 쓴 책 소개 메모에서 세심함이 엿보인다. 한강 작가를 비롯한 한국 소설 코너도 있어 반갑다. 2층은 북카페 공간으로 운영된다.

- 📍 台北市大同區長安西路138巷3弄11號
- 📞 +886 2 2559 9080
- 🚇 MRT 중산역(G14, R11) 6번 출구 도보 6분
- 🕐 월-일 14:00-22:00
- 🅿 불가

Taipei Dome 　　　　　　　　　　　　타이베이다쥐단

臺北大巨蛋
타이베이돔

대만의 첫 돔구장

빛나는 돔 뚜껑이 예쁜 이곳은 야구팬이라면 설렐 만한 다목정 돔 구장이다. 에어컨이 나오는 실내에서 쾌적하게 경기를 관람할 수 있고, 야구장 외에도 쇼핑몰과 호텔 등의 시설이 있다. 야구장답게 푸드코트도 알차게 갖추고 있는데, 지하 2층의 차이야오훠투이柴窯火腿製造所의 샌드위치가 맛있다고 한다. 티켓은 온라인 예매도 있지만 오프라인 매표소에서 구매하는 것이 간편하다. 요즘에는 한국 치어리더들이 대만으로 많이 진출해서 경기를 관람한다면 반가운 얼굴을 만날지도 모른다.

- ⓞ 台北市信義區忠孝東路四段515號
- ⓛ +886 2 2722 8811
- ⓜ MRT 국부기념관역(BL17) 5번 출구
- ⓛ 월-일 24시간(상점가는 영업 시간에만 운영)
- ⓟ 지하주차장 / 유료

map

web

Zhongshan Park　　　　　　　　　　　　　중산궁위안

中山公園
중산공원

도심 속의 산책 공간

국부기념관 옆에 있는 소규모 공원은 산책로가 잘 정비되어 있고 풍경이 아름다워 잠시 산책하기 좋다. 공원 안에 있는 연못 취호翠湖를 배경으로 삼으면 언제나 멋진 사진을 얻을 수 있는 곳이기도 하다. 낮에는 호수에 비친 식물과 구름을, 밤에는 타이베이 101 사진을 찍어보자. 특히 호수의 물결 위로 타워의 조명이 어른거리는 야경 사진이 환상적이다. 아쉽게도 국부기념관 내부는 2026년 연말까지 내부 수리 중이지만, 관외 야외 행사나 활동은 계속되므로 둘러보기 좋다.

- ⓥ 台北市信義區仁愛路四段505號
- ⓒ +886 2 2758 8008
- Ⓜ MRT 국부기념관역(BL17) 3, 4번 출구
- ⓛ 월-일 24시간
- ⓟ 지상주차장 / 유료

map

Rainbow Six 류하오차이훙

6號彩虹
레인보우식스

'혼인평권'의 무지개

대만은 2019년 아시아 최초로 성별에 관계없이 평등하게 결혼할 권리를 법제화했다. 그 기념으로 시먼역 6번 출구 앞 도로를 성소수자의 상징인 무지개색으로 칠해 '레인보우식스'를 만들었다. 이곳은 이제 타이베이에서 가장 유명한 포토 스폿이자 여행자라면 반드시 들르는 관광지 중 하나가 되었다. 시먼딩西門町은 '타이베이의 명동' 같은 곳이라 늘 사람이 북적이지만, 사진을 찍기 위해 순서대로 대기를 감수할 만큼 인기가 많다. 그만큼 무지개빛 도로에서 찍은 사진은 선명하고 예쁘다. 햇살이 좋은 맑은 날에 특히 사진이 잘 나오고, 아침 일찍 방문하면 한적한 편이다.

- 台北市萬華區漢中街120號
- MRT 시먼역(BL11, G12) 6번 출구 바로 앞
- 월-일 24시간
- 불가

map

Taipei Zhongshan Hall   중산탕

中山堂
중산당

지난 세기의 우아하고 독특한 빌딩에서 대만 영화의 향기를
옅은 녹색 벽돌에 아치형 창문, 붉은 기와로 된 통풍구가 눈길을 끄는 중산당은 중요한 고적 문화재다. 대만이 일본 통치를 받던 시절, 일왕의 즉위를 기념하기 위해 지은 4층 건물이지만, 제2차 세계 대전 이후에 대만 정부가 일본의 정식 항복 문서를 받은 장소로 모순된 역사를 보여준다. 정부 공식 행사 때 외빈을 접대하는 장소였지만 지금은 문화 행사, 전시, 콘서트, 공연장 등으로 활용하고 있다. 건물 내부는 서양식을 본떠 고전적이고 우아하다. 웅장하고 화려한 천장, 둥근 기둥이 이국적인 분위기를 만든다. 매년 여름, 전 세계 독립영화와 예술영화를 상영하는 타이베이영화제(台北電影節 Taipei Film Festival) 기간에는 상영관과 워크숍 장소로도 쓰이니 때가 맞으면 꼭 들러보자. 4층에는 카페가 있고, 주변에 오래된 카페와 노포 등이 많다.

- ⓞ 台北市中正區延平南路98號
- ⓒ +886 2 2381 3137
- ⓜ MRT 시먼역(BL11, G12) 5번 출구 밖에서 보이는 오른쪽 길 안쪽
- ⓛ 월-일 9:30~17:00
- ⓢ 입장료 무료
- ⓟ 지하주차장 / 유료

map

web

고건물·문화재 443

타이베이 여행 기본 가이드

타이베이, 언제 갈까?

대만은 연평균 기온이 23℃지만 여름은 상상 이상으로 덥고 습하다. 아주 춥지는 않지만 겨울도 있다. 시기별로 기온과 습도, 강수량에 편차가 있고 한국과 공휴일도 다르니 미리 알아두고 일정을 짜보자.

10월 — 4월

최적기!
비교적 여행하기 편한 날씨이며, 그중 11월이 춥지도 덥지도 않은 편이다. 거리를 거닐며 산책할 수 있는 여행하기 가장 좋은 시기!

5월 — 9월

대만의 여름, 더운데 태풍까지?
한국의 한여름같이 뜨겁고 습한 더위와 함께 매일 단시간에 수차례 비가 쏟아지는 스콜이 발생한다. 비가 그치면 햇빛이 더욱 강렬해지니 우산 겸용 양산을 꼭 들고 다니자. 반대로 실내는 에어컨이 센 편이니 자외선 차단 겉옷 등으로 실내외 온도 차를 대비하면 좋다. 태풍 기간에는 야시장과 상점 대부분이 문을 닫기도 한다.

12월 — 3월

대만도 춥다!
기온은 낮지 않은데 습도가 높아서 한국인은 상당히 춥다고 느끼기도 한다. 한국에서 입는 롱패딩까지는 아니더라도 적당한 패딩은 가져가는 게 좋다. 숙소에는 난방시설이 없으니 추위를 많이 탄다면 프리볼트(110v인 대만에서도 사용이 가능한 것)인 전기방석을 챙겨가면 무척 유용하다.

◆ 타이베이 월별 기온 & 강수량 & 습도

	1월	2월	3월	4월	5월	6월
기온(℃)	16.4	16.9	18.8	22.3	25.6	28.2
강수(mm)	90.5	143.2	157.2	152.5	239.9	345.0
습도(%)	77.4	78.0	76.8	75.8	74.9	75.1

	7월	8월	9월	10월	11월	12월
기온(℃)	29.9	29.5	27.7	24.6	21.9	18.2
강수(mm)	226.1	337.8	315.2	150.2	83.2	88.7
습도(%)	70.7	72.2	73.8	74.3	75.1	75.6

출처: 대만 교통부 중앙기상서(交通部中央氣象署 Central Weather Administration)

◆ 여행 일정 참고용 대만 공휴일

1-2월	**1일:** 새해 첫날 / **음력 1월 1일:** 춘절 연휴
2월	**28일:** 228 평화기념일
4월	**4일:** 어린이날 / **5일:** 청명절(4일일 때도 있음)
5월	**1일:** 노동절
6월	**음력 5월 5일:** 하순 단오절
9-10월	**9월 또는 10월:** 중추절 연휴(음력 8월 15일)
10월	**10일:** 국경절 / **25일:** 광복절
12월	**25일:** 제헌절

◆ 타이베이 행사, 축제 안내 웹사이트

타이베이 즐기기

전시(타이베이 즐기기)

축제 캘린더(타이베이 즐기기)

꽃 축제 일정과 약도

타이베이 문화 여행

테마 여행

타이베이 공항, 어디로 갈까?

타이베이에는 공항이 두 군데 있다. 한국에서 비행기로 약 2시간 30분 걸리는 것은 비슷하지만 타이베이 시내까지의 거리가 다르다. 여행 일정과 운항 스케줄, 사는 지역, 비용 등을 고려하여 예매해보자.

◆ 타오위안국제공항(Taoyuan International Airport 桃園國際機場)
한국의 인천공항 같은 곳으로 규모가 큰 만큼 운행 노선이 많다. 인천공항과 김해공항에서만 운항하며, 타이베이 시내까지 약 1시간 정도 소요된다. MRT 공항철도나 국광버스(공항버스 1819)를 타고 타이베이역까지 가거나 우버 등의 택시 혹은 한국에서 미리 예약한 픽업 차량을 이용해 목적지까지 이동한다. MRT와 버스를 이용한다면 운행 시간과 배차 간격을 잘 살펴봐야 한다.

* 공항철도(Airport MRT)를 이용해 타이베이역까지 이동 시 이지카드 등 교통카드를 사용할 수 있다.

* 중화항공이나 에바항공 등을 이용하면 출국 시 공항철도 타이베이역에서 '인타운 체크인(지정된 곳에서 공항으로 짐을 먼저 부치고 체크인하는 서비스)'이 가능하다. 항공권 출발로부터 24-3시간 전까지 가능한데, 항공사별로 상이하니 사전 체크는 필수. 공항철도 타이베이역에서 '항공 In-Town Check-in' 표지판을 따라가면 된다.

* 공항철도 타이베이역(06:00-21:30)까지 오픈은 지하철이ㅣ철도역과는 약간 떨어진 위치에 있으니 주의한다.

◆ 타이베이송산공항(Taipei Songshan Airport 台北松山機場)
타오위안국제공항보다 규모가 작다. 타이베이 시내에 있고, 공항과 지하철역(MRT)이 바로 연결되어 이동하기 편리하다. 김포공항에서만 출발하며, 운항 노선이 적은 편이다.

출발 전 체크포인트

해외여행을 갈 때 가장 기본적이고 사소한 것을 놓쳐서 출국이나 입국에 차질이 생기기도 한다. 한 번 더 꼼꼼히 챙기고 미리 해야 할 것은 처리해두자.

❶ **유효기간이 6개월 이상 남은 여권 챙기기**

❷ **항공사별 기내 보조배터리 반입 규정 체크하기**

❸ **대만의 110v 규정에 맞춰 110v나 프리볼트인 어댑터 준비하기**

❹ **대만 입국 시 금지 품목 확인하기**
- 육류 및 육류 가공품 반입 금지! 특히 대부분의 컵라면에 고기 성분이 들어가니 절대 가져가지 않도록 한다.
- 전자담배 기기나 모든 액상담배, 니코틴 제품도 반입을 금지한다. 잎담배도 면세 1보루만 허용한다.
- 모든 금지 물품 적발 시 벌금이 매우 높으니 금지 품목을 꼭 살펴보자.

❺ **온라인으로 입국신고서 작성 제출하기**

2025년 10월 1일부터 종이신고서가 폐지되어 온라인만 가능하다. 대만 입국 72시간 전부터 가능하고, 가족 및 단체여행의 경우 한 사람이 대표로 동행 인원 16명까지 등록할 수 있다.
(관광일 경우 사증 면제 visa exempt 선택)

❻ **e-Gate 자동출입국심사 등록하기**

17세 이상, 신장 140cm 이상인 한국인이 한국에서 자동출입국 등록을 했다면, 대만에서도 최초 등록 후 e-Gate 전용 심사대를 이용할 수 있다. 먼저 출국 전에 온라인으로 입국신고서를 제출한다. 그리고 입국 심사 전 대만 공항의 e-Gate 등록창구에서 지문과 얼굴로 자동출입국 등록을 하면 끝! 앞으로 e-Gate 전용 심사대를 통해 입국할 수 있어 줄을 길게 서지 않아 편리하다.

현지에서 유용한 앱

이제 여행할 때 휴대전화 속 앱은 선택이 아닌 필수다. 여행을 편리하게 해주는 필수 앱과 유용한 정보를 전달하는 앱을 소개한다.

필수 앱

택시 호출 우버 Uber
지도 구글 지도 Google Maps
번역 파파고, 구글 번역, ChatGPT 등

메신저/페이 라인 Line
한국의 카카오톡처럼 대만은 개인이나 매장에서 라인을 사용한다. 여행 중 친구를 사귀거나 누군가와 대화하다 보면 라인 계정을 추가할 일이 생기기도 한다. 라인페이도 많이 사용하니 신용카드를 등록해두면 편리하다.

세금 환급

대만 택스 리펀드
TAIWAN TAX REFUND
臺灣退稅

Android   iSO

타이베이 여행 정보

타이베이 즐기기
Play Taipei Now

Android   iSO

기차 예약

대만 철도
Taiwan Railway
e-booking
台鐵e訂通

Android   iSO

고속철도
T Express
行動購票服務

Android   iSO

타이베이 지하철 노선도

고! 타이베이 메트로
Go! Taipei Metro

Android　　iSO

타이베이 버스 노선 및 안내

버스 트래커 타이완
BusTracker Taiwan

Android　　iSO

공공자전거 대여

유바이크
YouBike
(30분당 10NTD)

Android　　iSO

유바이크 앱 사용법과 주의사항

◆ **현지 전화번호가 없을 때: 이심eSIM**

신용카드로 보증금 3,000NTD 지불 후 이용 → 보증금은 5일 후 해외 결제 수수료를 제외하고 환불된다.

◆ **현지 전화번호가 있을 경우 때: 실물 유심 카드USIM**

대만 휴대전화 번호로 회원 가입 → 로그인 후 이지카드나 아이패스 번호를 등록해 결제한다.

◆ 보행로에 자전거길이 따로 표시된 곳이 있고 없는 곳도 있다. 없다면 오토바이와 같은 도로에서 타야 하니 주의한다.

대중교통, 편리하게 이용하기

타이베이는 대중교통이 저렴하다. MRT(지하철)도 잘 되어 있고, 구글 지도나 버스 앱을 이용하면 버스를 타는 것도 어렵지 않다. 택시요금도 그렇게 비싸지 않으니 덥거나 지쳤을 때 이용해보자.

◆ 대중교통 기본 요금

MRT　　　　　**버스**　　　　　**택시**
20NTD+　　　　15NTD+　　　　85NTD+

◆ 대중교통카드 종류 & 구입
- 지하철, 버스, 택시, 철도를 이용할 수 있고, 편의점에서도 결제가 가능하다.
- '클룩' 등의 사이트를 이용해 한국에서 미리 구입하면 옵션을 선택하여 충전할 수 있고, 타오위안국제공항에서 수령할 수 있다.
- 공항 편의점에서 구입하면 바로 충전해 사용할 수 있다.
- 편의점이나 지하철역에서 100NTD 단위로 현금 충전이 가능하다. 지하철역에서 충전하면 한국어가 지원되어 편리하다.

※ 대만의 지하철이나 버스에서는 음식을 먹거나 음료나 물을 마실 수 없으며, 껌도 씹으면 안 된다. 이를 위반하면 벌금이 부과되니 주의하자!

이지카드Easy Card
(悠游卡 요요카)

아이패스iPass
(一卡通 이통카)

◆ 지하철 승차권

- 지하철 승차권은 편도, 1일(지하철 운행 종료까지), 24시간(사용 시작 후 24시간), 48시간, 72시간이 등이 있으며, 자세한 안내는 다음 QR코드로 확인할 수 있다.
- 케이블만 있으면 지하철역에서 휴대전화를 충전할 수 있고, 지하철역마다 고유의 스탬프가 있다.

※ 2025년 10월부터 모바일페이로 타이베이 MRT를 탈 수 있다. 애플페이, 삼성페이 등이 가능할 예정이라고 한다.

◆ 타이베이 펀패스

단기여행 시 이용할 수 있는 타이베이 펀패스 Taipei Funpass는 1, 2, 3일권 등이 있다. 철도나 버스를 타고 타이베이 근교 스펀이나 주펀 같은 곳으로 이동할 수 있고, 국립고궁박물원, 타이베이 101 등의 관광 스폿도 입장할 수 있다. 그러나 펀패스를 손해 보지 않고 알차게 쓰려면 스케줄을 빡빡하게 잡고 부지런히 돌아다녀야 한다. 여행 스타일과 동선을 고려해 합리적인 비용인지 확인한다. 공식 홈페이지에서 구입할 수 있고, 이 외에도 타이베이 펀패스를 검색하면 할인하는 곳도 있으니 가격을 비교해 구입하는 것이 좋다.

헷갈리기 쉬운 대만 정보

대만에 대해 막연히 생각하는 이미지나 블로그, SNS를 통해 떠도는 이야기 중 실상과 다른 것이 많다. 별것 아닌 것 같아도 알아두면 꽤 쓸모 있으니 잘 읽어보자.

◆ 숙소 위치를 타이베이역 근처로?
타이베이역 근처나 유흥가가 많은 시먼딩, 용산사 근처는 어두워졌을 때 분위기가 좋은 편은 아니다. 철도를 이용해 다른 지방으로 이동하거나 해당 구역에 묵는 것이 편리한 일정이 아니라면, 숙소 위치를 다안구(大安區 Daan)나 신이구(信義區 Xinyi), 송산구(松山區 Songshan) 등으로 설정해 검색하자. 평범한 분위기의 숙소를 잡을 수 있다.

◆ 물가가 저렴하니 무인양품, 유니클로, 이솝 같은 브랜드도 값이 쌀까?
해외 브랜드는 한국보다 비싼 편이다. 급히 필요하지 않다면 한국에 없는 상품 위주로 구입하는 게 좋다.

◆ 대만은 한겨울에도 따뜻하다?
겨울철 타이베이(12-3월)는 따뜻한 날도 있지만, 기본적으로 습도가 높아 현지인보다 한국인이 더 추위를 느낀다. 숙소에 난방시설이 없으니 얇은 패딩이나 전기방석을 챙기면 도움이 된다.

◆ 대만은 면을 덜 익혀 먹는다?
대만은 면을 덜 익힌다는 평이 많은데, 한국보다 두꺼운 면발이 많고 가게마다 익히는 정도가 다르기 때문이 아닐까? 꽤 많은 가게에 면을 '더' 익히는 옵션이 있으니 잘 살펴보자. 혹은 주문할 때 "멘커이주롼이뎬麵可以煮軟一點(국수를 좀 부드럽게 삶아주세요)."이라고 말해보자.

안전 여행을 위한 작은 팁

한국보다 남쪽인 대만에는 한국에 없는 벌레가 많다. 타이베이는 안전한 편이지만, 물리기 전에 대비하거나 물린 후에 처치 방법을 알아두면 좋다. 벌레 외에도 조심해야 할 것을 상기해보자.

◆ 샤오헤이원小黑蚊이란 벌레를 조심할 것!

1mm보다 더 작아 잘 보이지 않는 검은 먼지 같이 생긴 날벌레. 나무 그늘이나 풀이 많은 곳에 비교적 많이 출현한다. 물리면 통증이 심하고 염증이 생겨 모기에게 물렸을 때보다 훨씬 상처가 오래간다. 알레르기 반응이 올 수도 있다.

예방하려면? 긴 옷을 입거나 샤오헤이원 기피 스프레이를 뿌린다.
물렸다면? 신속하게 녹유정綠油精이나 백화유白花油를 바르고 파스를 잘라 붙이면 염증으로 번지지 않고 가라앉을 가능성이 높다. 드럭스토어 왓슨스 Watsons(屈臣氏), 코스메드Cosmed(康是美), 포야POYA(寶雅) 등에서 병 타입과 롤온 타입의 녹유정과 백화유, 샤오헤이원 기피 스프레이('叮寧'小黑蚊防蚊液)를 구입할 수 있다.

◆ 밤거리도, 차도 조심 또 조심

타이베이의 치안은 안전한 편이지만, 심야에는 가급적 돌아다니지 않는 것이 좋다. 특히 용산사 근처에는 저녁에 노숙자가 많고, 중산역과 조금 떨어진 린썬베이루林森北路는 유흥업소가 밀집해 있으니 솔로 여행객이라면 더 조심할 것. 차 조심은 당연한 이야기지만, 횡단보도에 오토바이와 자전거 정차선이 따로 있고 택시가 갑작스럽게 지나칠 때도 있으니 길을 건널 때 잘 살핀다. 인도에서는 자전거를 주의한다.

여행에 꼭 필요한 현지 정보

여행 중에 뜻하지 않은 일이 일어났다면 다음 연락처를 이용해 대처할 수 있다. 또한 수수료를 아끼며 환전하는 방법이나 페이 사용법을 숙지하고 가면 스트레스받을 일이 줄어든다.

◆ 긴급 연락처
경찰/범죄 신고: 110
화재신고/응급환자: 119
전화번호 안내(영어): 106
대한민국 영사 콜센터(서울): +82 2 3210 0404(앱 사용 시 앱스토어에서 '영사콜센터 무료전화' 검색)

◆ 주 타이베이 대한민국 대표부 駐臺北韓國代表部
주소: 台北市信義區基隆路一段333號1506室
이메일: taipei@mofa.go.kr
대표번호: +886 2 2758 8320(-5)
긴급연락처(업무시간 외): +886 912 069 230
한국여권 관련: +886 2 2758 8320(-5/#309)

대표부 웹사이트에 들어가면 대만여행 안전 정보와 생활 정보 등을 얻을 수 있다.

◆ 환전
한국에서 미리 환전해도 되지만, 대만 현지 ATM에서 현금을 인출할 수 있는 트래블로그나 트래블월렛 카드를 한국에서 발급받고, 대만 입국 후 공항 ATM에서 인출하면 편리하다.

- 국태세화은행(國泰世華銀行 Cathay United Bank), 메가뱅크(兆豐銀行 Mega Bank), 타이완은행(臺灣銀行 Bank of Taiwan) 등 지정된 은행의 ATM에서 인출 시 수수료가 면제된다. 지하철이나 편의점에 국태세화은행 ATM이 많아 편리하다.
- 일일 인출 한도와 은행 마크 확인은 필수!

국태세화은행

타이완은행

메가뱅크

◆ 각종 결제 페이
- 애플페이, 삼성페이가 가능하지만 제한적이다.
- 라인페이를 많이 사용하는데, 라인페이에 은행이나 카드를 등록해 사용하거나 '신한SOL페이' 앱에서 라인페이로 들어가 결제할 수도 있다.
- 해외 QR결제인 GLN페이를 쓸 수 있는 앱(네이버페이, 하나머니, 토스뱅크 등)으로 결제가 가능하다.

◆ 비행기 수하물 초과 대신 우체국
쇼핑을 많이 해서 수하물 초과요금이 걱정될 때는 우체국을 이용하자. EMS나 항공편, 선편 등으로 부치면 수하물 추가 요금보다 훨씬 저렴하다. 포장 박스는 우체국에서도 구입할 수 있다. EMS는 2-4일 내에 도착하고 항공편은 일주일 정도, 선편은 한 달 정도 걸린다. 국제우편은 반드시 온라인 홈페이지에서 먼저 접수해야 한다. EZpost ITMATT 사이트로 들어가 오른쪽 위편의 세 줄 부분을 눌러 영어로 바꾼 후 Making Shipping Label의 Start를 눌러 진행하면 된다(항공편으로 보낸다면 Parcel로 들어가 Air Mail Parcel을 선택). 주소, 품목 등을 모두 작성하면 QR코드가 발급되는데, 이것을 우체국 내 EZpost 프린터에서 인쇄한다. 프린터가 없는 우체국일 때는 직원에게 보여주면 된다.

여행이 편해지는 중국어 한마디

※이 페이지는 현지인이
알아들을 수 있도록
외래어표기법을 따르지 않고
발음하는 대로 표기했습니다.

기본 단어

안녕하세요
니하오
你好

감사합니다
시에시에
謝謝

안녕히 계세요
짜이지엔
再見

**죄송합니다
or 저기요**
부하오이쓰
不好意思

**물어봐도 될까요?
or 저기요**
칭원
請問

얼마예요?
뚜오사오치엔
多少錢
뚜오사오
多少?

네
하오
好

한 개
이거
一個

두 개
량거
兩個

세 개
싼거
三個

오른쪽
요우비엔
右邊

왼쪽
쭈오비엔
左邊

화장실
시소우지엔
洗手間

화장실은 어디죠?
시소우지엔짜이나리
洗手間在哪裏?

주문할 때

아이스아메리카노
삥메이쓰
冰美式

라떼
나티에
拿鐵

디카페인커피
디카페이인카페이
低咖啡因咖啡
(低因咖啡)

차가운 거
삥더
冰的

뜨거운 거
르어더
熱的

이거
쩌거
這個

젓가락
콰이즈
筷子

숟가락
탕츠
湯匙

포크
차즈
叉子

포장
와이따이
外帶

식당 안에서 먹기
네이용
內用

현금
시엔진
現金

신용카드
신용카
信用卡

아이스아메리카노 한 잔 주세요
워샹야오이뻬이삥메이쓰
我想要一杯冰美式

얼음 많이 주세요
삥콰이뚜오이디엔
冰塊多一點

안에서 먹고 갈게요
워야오네이용
我要內用

고수 빼주세요
부야오샹차이
不要香菜

고수 많이 주세요
샹차이뚜오이디엔
香菜多一點

**봉투 필요해요
(봉투 주세요)**
워쉬야오따이즈
我需要袋子

세일할 때 쓰는 단어

買一送一
마이이쏭이
→ 원플러스원

買二送一
마이얼쏭이
→ 투플러스원

滿○○○元 贈○○
만○○○ 쩡○○
→ ○○○원 이상 사면 ○○를 준다

第2杯半價
디얼베이반자
→ (두 잔 사면) 두 번째 잔은 반 가격

第2件5折
디얼젠우저
→ 두 개 사면 두 번째 것은 50% 할인

折
저
→ 할인 가격을 뜻하는 단어. 1~9折로 표기. 9折는 원가의 90%, 즉 10% 할인을 뜻한다. 折 앞의 숫자가 클수록 할인율이 낮으니 주의한다.

찾아보기

- ⓡ **Restaurant** 노포, 레스토랑 등 식당
- ⓒ **Cafe** 커피, 차를 즐기는 카페
- ⓓ **Dessert** 디저트
- ⓢ **Shopping** 소품, 리빙, 문구 등 쇼핑 스폿
- ⓗ **Hip Place** 독립서점, 공연장, 포토 스폿 등 힙 플레이스

파트별 & 업종별

1 로컬 노포 맛집
- ⓡ 과일주스 113
- ⓡ 광저우제야시장 110
- ⓡ 금춘발우육점 62
- ⓡ 남문시장 82
- ⓡ 대만철도도시락 88
- ⓡ 대일우내대왕 78
- ⓡ 동문가의공환 94
- ⓡ 동문시장 90
- ⓡ 동문흥기 95
- ⓡ 동일배골총점 66
- ⓡ 동항기어찬 112
- ⓡ 성천하약식포 80
- ⓡ 센수리 96
- ⓡ 안호식 106
- ⓡ 온주가무채전병 76
- ⓡ 용문객잔교자관 70
- ⓡ 유가반단 98
- ⓡ 이리포빙 100
- ⓡ 장마우육면 72
- ⓡ 전련복리중심 108
- ⓡ 정첨고수센쑤지 64
- ⓡ 진방토스트 102
- ⓡ 팔방운집 74
- ⓡ 포길수공포자 86

2 미슐랭 & 트렌디 레스토랑
- ⓡ 감 미식당 124
- ⓡ 구베이타오 116
- ⓡ 딘타이펑 118
- ⓡ 문문푸드 120
- ⓡ 베지크릭 128
- ⓡ 엉클큐 132
- ⓡ 왕리씨짜장면 126
- ⓡ 우차차 134
- ⓡ 일류이사 130
- ⓡ 제스트다이너 136
- ⓡ 플랜츠 122

3 커피 & 티 카페
- ⓒ 60+티숍 188
- ⓒ 너티 168
- ⓒ 단테커피 216
- ⓒ 더폭스 184
- ⓒ 루포스커피 148
- ⓒ 류우차사 162
- ⓒ 리키드앙브르 후포 140
- ⓒ 메트로타이베이 x루이사커피 178
- ⓒ 무사생활 156
- ⓒ 복생생 166
- ⓒ 삼경취향 154
- ⓒ 삼고사가배관 152
- ⓒ 소마 182
- ⓒ 인래풍 144
- ⓒ 자등려 174
- ⓒ 장내묘 다사기념관 210
- ⓒ 춘수당 202
- ⓒ 카마커피 192
- ⓒ 카페보산 204
- ⓒ 카페애크미 198
- ⓒ 커리스타커피 170
- ⓒ 커부커 196
- ⓒ 커피투 208
- ⓒ 큐어8 190
- ⓒ 트윈브라더스커피 214
- ⓒ 티룸세렌딥 160
- ⓒ 푸진트리카페 212

4 대만 클래식 & 모던 디저트
- ⓓ 껠끄파티스리 222
- ⓓ 녹두의인 240
- ⓓ 동취편위안 232
- ⓓ 서니힐 244
- ⓓ 스마일 226
- ⓓ 심아의프링스 수제디저트 238
- ⓓ 영강수과원 230
- ⓓ 왕래산 252
- ⓓ 위쇼콜라티에 224
- ⓓ 이메이푸드 250
- ⓓ 이정향 246
- ⓓ 주스주스바 242
- ⓓ 하수첨품 228
- ⓓ 호싱1947 234

5 라이프스타일 소품숍
- ⓢ 고건통점 318
- ⓢ 굿초스 282

- Ⓢ 넷 309
- Ⓢ 니하오워하오 268
- Ⓢ 다춘비누 298
- Ⓢ 대만토산 312
- Ⓢ 대화행 319
- Ⓢ 등의 264
- Ⓢ 라이하오 308
- Ⓢ 마오스돌 266
- Ⓢ 미래시 300
- Ⓢ 미장플랜츠 306
- Ⓢ 부댜오 290
- Ⓢ 빈공장 320
- Ⓢ 성품R79점 310
- Ⓢ 성품생활난시 256
- Ⓢ 성품생활쑹옌 286
- Ⓢ 소화원 301
- Ⓢ 승립생활백화 296
- Ⓢ 신농생활 258
- Ⓢ 십세소완돈목요 276
- Ⓢ 영업서점 316
- Ⓢ 촌산 262
- Ⓢ 카발란 위스키쇼룸 322
- Ⓢ 타이완비요리 280
- Ⓢ 토생토장 294
- Ⓢ 툴스투리브바이 272
- Ⓢ 피겨21 302

6 포토 스폿 & 힙 플레이스

- Ⓗ 건국주말 꽃시장 옥시장 380
- Ⓗ 낫저스트라이브러리 332
- Ⓗ 다안삼림공원 376
- Ⓗ 디화제십연동 406
- Ⓗ 레거시타이베이 340
- Ⓗ 레인보우식스 438
- Ⓗ 마오쿵트레일 420
- Ⓗ 보피랴오거리 424
- Ⓗ 사사남촌 390
- Ⓗ 서문족체양생관 430
- Ⓗ 송산문화창의공원 330
- Ⓗ 스폿화산시네마 342
- Ⓗ 신방춘차행 356
- Ⓗ 심중산리니어파크 364
- Ⓗ 여무점 404
- Ⓗ 여서점 402
- Ⓗ 용산문창기지 414
- Ⓗ 용산사 410
- Ⓗ 일간서점 432
- Ⓗ 임안태고택 396
- Ⓗ 주춘이자카야 428
- Ⓗ 중산공원 436
- Ⓗ 중산당 440
- Ⓗ 키모치서점 372
- Ⓗ 타이베이돔 434
- Ⓗ 타이베이로즈가든 400
- Ⓗ 타이베이시립미술관 360
- Ⓗ 타이베이식물원 348
- Ⓗ 타이베이역 대합실 416
- Ⓗ 타이베이음악센터 384
- Ⓗ 타이베이음악센터문화관 386
- Ⓗ 타이베이필름하우스 374
- Ⓗ 타이베이하해성황묘 362
- Ⓗ 파스토어 326
- Ⓗ 플레이그라운드 394
- Ⓗ 화강정택사구 352
- Ⓗ 화산1914문화창의산업원구 336
- Ⓗ 화산홍관 346
- Ⓗ 화이트웨빗레코드 368

가나다순

ㄱ
- Ⓡ 감 미식당 124
- Ⓗ 건국주말 꽃시장 옥시장 380
- Ⓢ 고건통점 318
- Ⓡ 과일주스 113
- Ⓡ 광저우제야시장 110
- Ⓡ 구베이타오 116
- Ⓢ 굿초스 282
- Ⓡ 금춘발우육점 62
- Ⓓ 껠끄파티스리 222

ㄴ
- Ⓗ 남문시장 82
- Ⓗ 낫저스트라이브러리 332
- Ⓒ 너티 168
- Ⓢ 넷 309
- Ⓓ 녹두의인 240
- Ⓢ 니하오워하오 268

ㄷ
- Ⓗ 다안삼림공원 376
- Ⓢ 다춘비누 298
- Ⓒ 단테커피 216
- Ⓢ 대만토산 312
- Ⓡ 대만철도도시락 88
- Ⓡ 대일우내대왕 78
- Ⓢ 대화행 319
- Ⓒ 더폭스 184
- Ⓡ 동문가의공환 94
- Ⓡ 동문시장 90
- Ⓡ 동문흥기 95
- Ⓡ 동일배골총점 66
- Ⓡ 동취편위안 232
- Ⓡ 동항기어찬 112
- Ⓢ 등의 264
- Ⓗ 디화제십연동 406
- Ⓡ 딘타이펑 118

ㄹ
- ⓢ 라이하오 308
- ⓗ 레거시타이베이 340
- ⓗ 레인보우식스 438
- ⓒ 루포스커피 148
- ⓒ 류우차사 162
- ⓒ 리키드앙브르 후포 140

ㅁ
- ⓢ 마오스돌 266
- ⓗ 마오쿵트레일 420
- ⓒ 메트로타이베이 x루이사커피 178
- ⓒ 무사생활 156
- ⓡ 문문푸드 120
- ⓢ 미래시 300
- ⓢ 미장플랜츠 306

ㅂ
- ⓡ 베지크릭 128
- ⓗ 보피랴오거리 424
- ⓒ 복생생 166
- ⓢ 부댜오 290
- ⓢ 빈공장 320

ㅅ
- ⓗ 사사남촌 390
- ⓒ 삼경취향 154
- ⓒ 삼고사가배관 152
- ⓓ 서니힐 244
- ⓗ 서문족체양생관 430
- ⓡ 성천하약식포 80
- ⓢ 성품R79점 310
- ⓢ 성품생활난시 256
- ⓢ 성품생활쑹옌 286
- ⓡ 센쑤리 96
- ⓒ 소마 182
- ⓢ 소화원 301
- ⓗ 송산문화창의공원 330

- ⓓ 스마일 226
- ⓗ 스폿화산시네마 342
- ⓗ 승립생활백화 296
- ⓗ 신농생활 258
- ⓗ 신방춘차행 356
- ⓓ 심야의프랑스 수제디저트 238
- ⓗ 심중산리니어파크 364
- ⓢ 십세소완돈목요 276

ㅇ
- ⓡ 안호식 106
- ⓡ 엉클큐 132
- ⓗ 여무점 404
- ⓗ 여서점 402
- ⓓ 영강수과원 230
- ⓗ 영업서점 316
- ⓡ 온주가무채전병 76
- ⓗ 왕래산 252
- ⓝ 왕리씨짜장면 126
- ⓗ 용문객잔교자관 70
- ⓗ 용산문창기지 414
- ⓗ 용산사 410
- ⓡ 우차차 134
- ⓓ 위쇼콜라티에 224
- ⓡ 유가반단 98
- ⓡ 이리포포빙 100
- ⓓ 이메이푸드 250
- ⓓ 이정향 246
- ⓒ 인래풍 144
- ⓗ 일간서점 432
- ⓡ 일류이사 130
- ⓗ 임안태고택 396

ㅈ
- ⓒ 자등려 174
- ⓒ 장내묘 다사기념관 210
- ⓡ 장마마우육면 72
- ⓡ 전련복리중심 108

- ⓡ 정첨고수센쑤지 64
- ⓡ 제스트다이너 136
- ⓗ 주스주스바 242
- ⓗ 주춘이자카야 428
- ⓗ 중산공원 436
- ⓗ 중산당 440
- ⓡ 진방토스트 102

ㅊ
- ⓢ 촌산 262
- ⓒ 춘수당 202

ㅋ
- ⓒ 카마커피 192
- ⓢ 카발란 위스키쇼룸 322
- ⓒ 카페보산 204
- ⓒ 카페애크미 198
- ⓒ 커리스타커피 170
- ⓡ 커부커 196
- ⓒ 커피투 208
- ⓒ 큐어8 190
- ⓗ 키모치서점 372

ㅌ
- ⓗ 타이베이돔 434
- ⓗ 타이베이로즈가든 400
- ⓗ 타이베이시립미술관 360
- ⓗ 타이베이식물원 348
- ⓗ 타이베이역 대합실 416
- ⓗ 타이베이음악센터 384
- ⓗ 타이베이음악센터문화관 386
- ⓗ 타이베이필름하우스 374
- ⓗ 타이베이하해성황묘 362

- ⓢ 타이완비요리 280
- ⓢ 토생토장 294
- ⓢ 툴스투리브바이 272
- ⓒ 트윈브라더스커피 214
- ⓒ 티룸세렌딥 160

ㅍ
- ⓗ 파스토어 326
- ⓡ 팔방운집 74
- ⓡ 포길수공포자 86
- ⓒ 푸진트리카페 212
- ⓡ 플랜츠 122
- ⓗ 플레이그라운드 394
- ⓢ 피겨21 302

ㅎ
- ⓓ 하수첨품 228
- ⓓ 호싱1947 234
- ⓗ 화강정택사구 352
- ⓗ 화산1914문화창의산업원구 336
- ⓗ 화산홍관 346
- ⓗ 화이트웨빗레코드 368

숫자
- ⓒ 60+티숍 188

지역별

난강구 ➡ MRT 쿤양역
- ⓗ 타이베이음악센터 384
- ⓗ 타이베이음악센터문화관 386

다안구 ➡ MRT 다안/다안삼림공원역
- ⓗ 건국주말 꽃시장 옥시장 380
- ⓒ 너티 168
- ⓗ 다안삼림공원 376
- ⓒ 메트로타이베이 x루이사커피 178
- ⓓ 이메이푸드 250
- ⓡ 제스트다이너 136
- ⓢ 카발란 위스키쇼룸 322
- ⓒ 큐어8 190

대만대 & 사범대 일대 ➡ MRT 궁관/구팅/대만전력공사빌딩역
- ⓡ 대일우내대왕 78
- ⓡ 센쑤리 96
- ⓗ 여무점 404
- ⓗ 여서점 402
- ⓡ 온주가무채전병 76
- ⓡ 우차차 134
- ⓡ 이리포포빙 100
- ⓒ 자등려 174
- ⓡ 팔방운집 74
- ⓗ 화이트웨빗레코드 368

동취(동쪽 일대) ➡ MRT 다안/신이안허/중샤오둔화역
- ⓓ 껠끄파티스리 222
- ⓓ 동취편위안 232
- ⓢ 미장플랜츠 306
- ⓡ 왕리씨짜장면 126
- ⓓ 위쇼콜라티에 224
- ⓡ 플랜츠 122

디화제 ➡ MRT 다차오터우/베이먼역
- ⓢ 고건통점 318
- ⓡ 금춘발우육점 62
- ⓢ 니하오워하오 268
- ⓢ 다춘비누 298
- ⓢ 대만물산 312
- ⓢ 대화행 319
- ⓓ 디화제십연동 406
- ⓢ 삼고사가배관 152
- ⓓ 성천하약식포 80
- ⓢ 소화원 301
- ⓗ 신방춘차행 356
- ⓡ 왕래산 252
- ⓓ 이정향 246
- ⓗ 타이베이하해성황묘 362
- ⓢ 타이완비요리 280
- ⓓ 하수첨품 228
- ⓓ 호싱1947 234

마오쿵 ➡ MRT 동물원역
- ⓗ 마오쿵트레일 420
- ⓒ 장내묘 다사기념관 210

민성서취 ➡ MRT 난징싼민/송산공항/타이베이아레나역
- ⓓ 서니힐 244
- ⓡ 장마마우육면 72
- ⓒ 푸진트리카페 212

산다오사 사찰 일대 ➡ MRT 산다오사역
- ⓡ 구베이타오 116
- ⓡ 레거시타이베이 340
- ⓢ 미래시 300
- ⓢ 스폿화산시네마 342
- ⓡ 융문객잔교자관 70
- ⓒ 춘수당 202
- ⓗ 화산1914문화창의산업원구 336
- ⓗ 화산홍관 346

샤오난먼 일대 ➡ MRT 샤오난먼역

- ⓒ 단테커피 216
- Ⓗ 타이베이식물원 348

신이구 ➡ MRT 국부기념관/샹산/타이베이시청/타이베이101+세계무역센터역
- Ⓢ 굿초스 282
- Ⓗ 낫저스트라이브러리 332
- ⓒ 무사생활 156
- Ⓗ 사사남촌 390
- ⓒ 삼경취향 154
- Ⓢ 성품생활쑹옌 286
- Ⓗ 송산문화창의공원 330
- Ⓓ 스마일 226
- Ⓗ 주춘이자카야 428
- Ⓗ 중산공원 436
- ⓒ 카마커피 192
- Ⓢ 커리스타커피 170
- Ⓗ 타이베이돔 434
- Ⓗ 플레이그라운드 394

완화구 ➡ MRT 용산사역
- Ⓡ 과일주스 113
- Ⓡ 광저우제야시장 110
- Ⓡ 동항기어찬 112
- ⓒ 류우차사 162
- Ⓗ 보피랴오거리 424
- Ⓗ 용산문창기지 414
- Ⓗ 용산사 410
- Ⓗ 화강정택사구 352

위안산 지역 ➡ MRT 위안산역
- Ⓗ 임안태고택 396
- ⓒ 카페애크미 198
- Ⓗ 타이베이로즈가든 400

- Ⓗ 타이베이시립미술관 360

융캉제 ➡ MRT 둥먼/중정기념당역
- Ⓡ 남문시장 82
- Ⓢ 넷 309
- Ⓓ 녹두의인 240
- Ⓡ 동문가의공환 94
- Ⓡ 동문시장 90
- Ⓡ 동문흥기 95
- Ⓡ 딘타이펑 118
- Ⓢ 라이하오 308
- ⓒ 복생생 166
- Ⓢ 부다오 290
- Ⓓ 심야의프랑스 수제디저트 238
- Ⓢ 십세소완돈목요 276
- Ⓓ 엉클큐 132
- Ⓓ 영강수과원 230
- Ⓢ 영업서점 316
- Ⓢ 인래풍 144
- Ⓡ 전련복리중심 108
- Ⓡ 정첨고수센쓰지 64
- Ⓢ 토생토장 294
- Ⓢ 피겨21 302

중산 지역 ➡ MRT 솽롄/중산역
- ⓒ 60+티숍 188
- Ⓢ 등의 264
- Ⓢ 마오스돌 266
- Ⓢ 베지크릭 128
- Ⓢ 성품R79점 310
- Ⓢ 성품생활난시 256
- ⓒ 소마 182
- Ⓢ 신농생활 258
- Ⓗ 심중산리니어파크 364
- Ⓗ 일간서점 432
- Ⓡ 일류이사 130

- Ⓢ 촌산 262
- ⓒ 카페보산 204
- Ⓗ 키모치서점 372
- Ⓗ 타이베이필름하우스 374
- Ⓗ 파스토어 326

타이베이역 근처 ➡ MRT 시먼/타이베이역
- Ⓡ 대만철도도시락 88
- Ⓡ 동일배골총점 66
- Ⓡ 레인보우식스 438
- Ⓢ 빙공장 320
- Ⓗ 서문족체양생관 430
- Ⓗ 중산당 440
- ⓒ 커피투 208
- Ⓗ 타이베이역 대합실 416
- ⓒ 트윈브라더스커피 214
- Ⓡ 포길수공포자 86

테크놀로지빌딩 & 류장리 ➡ MRT 류장리/테크놀로지빌딩역
- Ⓡ 감 미식당 124
- ⓒ 더폭스 184
- ⓒ 루포스커피 148
- ⓒ 리키드앙브르 후포 140
- Ⓡ 문문푸드 120
- Ⓢ 승립생활백과 296
- Ⓡ 안호식 106
- Ⓡ 유가반단 98
- Ⓓ 주스주스바 242
- Ⓡ 진방토스트 102
- ⓒ 커부커 196
- Ⓢ 툴스투리브바이 272
- ⓒ 티룸세렌딥 160

취향 가득, 타이베이

1판 1쇄 펴냄 2025년 9월 12일
1판 2쇄 펴냄 2025년 10월 21일

지은이 옥취영

펴낸이 김경태
편집 조현주 홍경화 강가연
디자인 박정영 김재현
마케팅 정보경
지도 유혜리

펴낸곳 (주)출판사 클
출판등록 2012년 1월 5일 제311-2012-02호
주소 03385 서울시 은평구 연서로26길 25-6
전화 070-4176-4680
팩스 02-354-4680
이메일 bookkl@bookkl.com

ISBN 979-11-94374-43-5 13980

이 책은 저작권법에 의해 보호를 받는 저작물이므로
무단 전재 및 무단 복제를 금합니다.
잘못된 책은 바꾸어드립니다.

출판사 클의 책을
만나보세요.